ARMÉNIO
VOCABULÁRIO

PALAVRAS MAIS ÚTEIS

PORTUGUÊS
ARMÉNIO

Para alargar o seu léxico e apurar as suas competências linguísticas

5000 palavras

Vocabulário Português-Arménio - 5000 palavras
Por Andrey Taranov

Os vocabulários da T&P Books destinam-se a ajudar a aprender, a memorizar, e a rever palavras estrangeiras. O dicionário é dividido em temas, cobrindo todas as principais esferas de atividades quotidianas, negócios, ciência, cultura, etc.

O processo de aprendizagem, utilizando os dicionários baseados em temáticas da T&P Books dá-lhe as seguintes vantagens:

- Informação de origem corretamente agrupada predetermina o sucesso em fases subsequentes da memorização de palavras
- Disponibilização de palavras derivadas da mesma raiz, o que permite a memorização de unidades de texto (em vez de palavras separadas)
- Pequenas unidades de palavras facilitam o processo de estabelecimento de vínculos associativos necessários para a consolidação do vocabulário
- O nível de conhecimento da língua pode ser estimado pelo número de palavras aprendidas

Copyright © 2019 T&P Books Publishing

Todos os direitos reservados. Nenhuma parte desta publicação pode ser reproduzida, total ou parcialmente, por quaisquer métodos ou processos, sejam eles eletrónicos, mecânicos, de fotocópia ou outros, sem a autorização escrita do editor. Esta publicação não pode ser divulgada, copiada ou distribuída em nenhum formato.

T&P Books Publishing
www.tpbooks.com

ISBN: 978-1-78400-911-3

Este livro também está disponível em formato E-book.
Por favor visite www.tpbooks.com ou as principais livrarias on-line.

VOCABULÁRIO ARMÉNIO
palavras mais úteis

Os vocabulários da T&P Books destinam-se a ajudar a aprender, a memorizar, e a rever palavras estrangeiras. O vocabulário contém mais de 5000 palavras de uso comum organizadas tematicamente.

O vocabulário contém as palavras mais comummente usadas
Recomendado como adicional para qualquer curso de línguas
Satisfaz as necessidades dos iniciados e dos alunos avançados de línguas estrangeiras
Conveniente para o uso diário, sessões de revisão e atividades de auto-teste
Permite avaliar o seu vocabulário

Características especias do vocabulário

- As palavras estão organizadas de acordo com o seu significado, e não por ordem alfabética
- As palavras são apresentadas em três colunas para facilitar os processos de revisão e auto-teste
- As palavras compostas são divididas em pequenos blocos para facilitar o processo de aprendizagem
- O vocabulário oferece uma transcrição simples e adequada de cada palavra estrangeira

O vocabulário contém 155 tópicos incluindo:

Conceitos básicos, Números, Cores, Meses, Estações do ano, Unidades de medida, Roupas & Acessórios, Alimentos & Nutrição, Restaurante, Membros da Família, Parentes, Caráter, Sentimentos, Emoções, Doenças, Cidade, Passeios, Compras, Dinheiro, Casa, Lar, Escritório, Trabalho no Escritório, Importação & Exportação, Marketing, Pesquisa de Emprego, Desportos, Educação, Computador, Internet, Ferramentas, Natureza, Países, Nacionalidades e muito mais ...

T&P Books. Vocabulário Português-Arménio - 5000 palavras

TABELA DE CONTEÚDOS

Guia de pronunciação	9
Abreviaturas	10

CONCEITOS BÁSICOS	11
Conceitos básicos. Parte 1	11

1. Pronomes	11
2. Cumprimentos. Saudações. Despedidas	11
3. Como se dirigir a alguém	12
4. Números cardinais. Parte 1	12
5. Números cardinais. Parte 2	13
6. Números ordinais	14
7. Números. Frações	14
8. Números. Operações básicas	14
9. Números. Diversos	14
10. Os verbos mais importantes. Parte 1	15
11. Os verbos mais importantes. Parte 2	16
12. Os verbos mais importantes. Parte 3	17
13. Os verbos mais importantes. Parte 4	18
14. Cores	18
15. Questões	19
16. Preposições	20
17. Palavras funcionais. Advérbios. Parte 1	20
18. Palavras funcionais. Advérbios. Parte 2	22

Conceitos básicos. Parte 2	23
19. Dias da semana	23
20. Horas. Dia e noite	23
21. Meses. Estações	24
22. Unidades de medida	26
23. Recipientes	27

O SER HUMANO	28
O ser humano. O corpo	28
24. Cabeça	28
25. Corpo humano	29

Vestuário & Acessórios	30
26. Roupa exterior. Casacos	30
27. Vestuário de homem & mulher	30

4

28. Vestuário. Roupa interior 31
29. Adereços de cabeça 31
30. Calçado 31
31. Acessórios pessoais 32
32. Vestuário. Diversos 32
33. Cuidados pessoais. Cosméticos 33
34. Relógios de pulso. Relógios 34

Alimentaçao. Nutrição 35

35. Comida 35
36. Bebidas 36
37. Vegetais 37
38. Frutos. Nozes 38
39. Pão. Bolaria 39
40. Pratos cozinhados 39
41. Especiarias 40
42. Refeições 41
43. Por a mesa 41
44. Restaurante 42

Família, parentes e amigos 43

45. Informação pessoal. Formulários 43
46. Membros da família. Parentes 43

Medicina 45

47. Doenças 45
48. Sintomas. Tratamentos. Parte 1 46
49. Sintomas. Tratamentos. Parte 2 47
50. Sintomas. Tratamentos. Parte 3 48
51. Médicos 49
52. Medicina. Drogas. Acessórios 49

HABITAT HUMANO 50
Cidade 50

53. Cidade. Vida na cidade 50
54. Instituições urbanas 51
55. Sinais 52
56. Transportes urbanos 53
57. Turismo 54
58. Compras 55
59. Dinheiro 56
60. Correios. Serviço postal 57

Moradia. Casa. Lar 58

61. Casa. Eletricidade 58

5

62. Moradia. Mansão	58
63. Apartamento	58
64. Mobiliário. Interior	59
65. Quarto de dormir	60
66. Cozinha	60
67. Casa de banho	61
68. Eletrodomésticos	62

ATIVIDADES HUMANAS	**63**
Emprego. Negócios. Parte 1	**63**
69. Escritório. O trabalho no escritório	63
70. Processos negociais. Parte 1	64
71. Processos negociais. Parte 2	65
72. Produção. Trabalhos	66
73. Contrato. Acordo	67
74. Importação & Exportação	68
75. Finanças	68
76. Marketing	69
77. Publicidade	69
78. Banca	70
79. Telefone. Conversação telefónica	71
80. Telefone móvel	71
81. Estacionário	72
82. Tipos de negócios	72

Emprego. Negócios. Parte 2	**75**
83. Espetáculo. Feira	75
84. Ciência. Investigação. Cientistas	76

Profissões e ocupações	**77**
85. Procura de emprego. Demissão	77
86. Gente de negócios	77
87. Profissões de serviços	78
88. Profissões militares e postos	79
89. Oficiais. Padres	80
90. Profissões agrícolas	80
91. Profissões artísticas	81
92. Várias profissões	81
93. Ocupações. Estatuto social	83

Educação	**84**
94. Escola	84
95. Colégio. Universidade	85
96. Ciências. Disciplinas	86
97. Sistema de escrita. Ortografia	86
98. Línguas estrangeiras	87

Descanso. Entretenimento. Viagens	89
99. Viagens	89
100. Hotel	89

EQUIPAMENTO TÉCNICO. TRANSPORTES 91
Equipamento técnico. Transportes 91

101. Computador	91
102. Internet. E-mail	92
103. Eletricidade	93
104. Ferramentas	93

Transportes 96

105. Avião	96
106. Comboio	97
107. Barco	98
108. Aeroporto	99

Eventos 101

109. Férias. Evento	101
110. Funerais. Enterro	102
111. Guerra. Soldados	102
112. Guerra. Ações militares. Parte 1	103
113. Guerra. Ações militares. Parte 2	105
114. Armas	106
115. Povos da antiguidade	108
116. Idade média	108
117. Líder. Chefe. Autoridades	110
118. Viloação da lei. Criminosos. Parte 1	111
119. Viloação da lei. Criminosos. Parte 2	112
120. Polícia. Lei. Parte 1	113
121. Polícia. Lei. Parte 2	114

NATUREZA 116
A Terra. Parte 1 116

122. Espaço sideral	116
123. A Terra	117
124. Pontos cardeais	118
125. Mar. Oceano	118
126. Nomes de Mares e Oceanos	119
127. Montanhas	120
128. Nomes de montanhas	121
129. Rios	121
130. Nomes de rios	122
131. Floresta	122
132. Recursos naturais	123

A Terra. Parte 2 — 125

133. Tempo — 125
134. Tempo extremo. Catástrofes naturais — 126

Fauna — 127

135. Mamíferos. Predadores — 127
136. Animais selvagens — 127
137. Animais domésticos — 128
138. Pássaros — 129
139. Peixes. Animais marinhos — 131
140. Amfíbios. Répteis — 131
141. Insetos — 132

Flora — 133

142. Árvores — 133
143. Arbustos — 133
144. Frutos. Bagas — 134
145. Flores. Plantas — 134
146. Cereais, grãos — 136

PAÍSES. NACIONALIDADES — 137

147. Europa Ocidental — 137
148. Europa Central e de Leste — 137
149. Países da ex-URSS — 138
150. Asia — 138
151. América do Norte — 139
152. América Central do Sul — 139
153. Africa — 140
154. Austrália. Oceania — 140
155. Cidades — 140

GUIA DE PRONUNCIAÇÃO

Alfabeto fonético T&P	Exemplo Arménio	Exemplo Português
[a]	ճանաչել [čanačél]	chamar
[ə]	փափուկ [pʰəspʰəsál]	milagre
[e]	հեկտար [hektár]	metal
[ē]	էկրան [ēkrán]	mesquita
[i]	ֆիզիկոս [fizikós]	sinónimo
[o]	շոկոլադ [šokolád]	lobo
[u]	հյունուհի [hujnuhí]	bonita
[b]	բամբակ [bambák]	barril
[d]	դադար [dadár]	dentista
[f]	ֆաբրիկա [fábrika]	safári
[g]	գանգ [gang]	gosto
[j]	ջյուջմ [djujm]	géiser
[h]	հայուհի [hajuhí]	[h] aspirada
[x]	խաղտել [xaχtél]	fricativa uvular surda
[k]	կոճակ [kočák]	kiwi
[l]	փիլել [pʰlvel]	libra
[m]	մտածել [mtatsél]	magnólia
[t]	տակսի [taksí]	tulipa
[n]	նրանք [nrankʰ]	natureza
[r]	լար [lar]	riscar
[p]	պոմպ [pomp]	presente
[ġ]	տղամարդ [tġamárd]	[r] vibrante
[s]	սուս [soús]	sanita
[ts]	ծանոթ [tsanótʰ]	tsé-tsé
[v]	վոստիկան [vostikán]	fava
[z]	զանգ [zang]	sésamo
[kʰ]	երեք [erékʰ]	[k] aspirada
[pʰ]	փրկել [pʰrkel]	[p] aspirada
[tʰ]	պատրոն [tʰatrón]	[t] aspirada
[tsʰ]	ակնոց [aknótsʰ]	[ts] aspirado
[ʒ]	ժամանակ [ʒamanák]	talvez
[dz]	ոձիք [odzíkʰ]	pizza
[dʒ]	հաջող [hadʒóġ]	adjetivo
[č]	վիճել [vičél]	Tchau!
[š]	շահույթ [šahújtʰ]	mês
[']	բազակ [baʒák]	acento principal

ABREVIATURAS
usadas no vocabulário

Abreviaturas do Português

adj	-	adjetivo
adv	-	advérbio
anim.	-	animado
conj.	-	conjunção
desp.	-	desporto
etc.	-	etecetra
ex.	-	por exemplo
f	-	nome feminino
f pl	-	feminino plural
fem.	-	feminino
inanim.	-	inanimado
m	-	nome masculino
m pl	-	masculino plural
m, f	-	masculino, feminino
masc.	-	masculino
mat.	-	matemática
mil.	-	militar
pl	-	plural
prep.	-	preposição
pron.	-	pronome
sb.	-	sobre
sing.	-	singular
v aux	-	verbo auxiliar
vi	-	verbo intransitivo
vi, vt	-	verbo intransitivo, transitivo
vr	-	verbo reflexivo
vt	-	verbo transitivo

Pontuação do Arménio

՜	-	Ponto de exclamação
՞	-	Ponto de interrogação
,	-	Vírgula

CONCEITOS BÁSICOS

Conceitos básicos. Parte 1

1. Pronomes

eu	ես	[es]
tu	դու	[du]
ele, ela	նա	[na]
nós	մենք	[menkʰ]
vocês	դուք	[dukʰ]
eles, elas	նրանք	[nrankʰ]

2. Cumprimentos. Saudações. Despedidas

Olá!	Բարև́	[barév]
Bom dia! (formal)	Բարև́ ձեզ	[barév dzéz!]
Bom dia! (de manhã)	Բարի́ լույս	[barí lújs!]
Boa tarde!	Բարի́ օ́ր	[barí ór!]
Boa noite!	Բարի́ երեկո́	[barí jerekó!]
cumprimentar (vt)	բարևել	[barevél]
Olá!	Ողջո́ւյն	[voġdzújn!]
saudação (f)	ողջույն	[voġdzújn]
saudar (vt)	ողջունել	[voġdzunél]
Como vai?	Ո́նց են գործերդ	[vontsʰ en gortsérd?]
O que há de novo?	Ի́նչ նորություն	[inč norutʰjún?]
Até à vista!	Ցտեսությու́ն	[tsʰtesutʰjún!]
Até breve!	Մինչ նոր հանդիպու́մ	[mínč nór handipúm!]
Adeus! (sing.)	Մնաս բարո́վ	[mnas baróv!]
Adeus! (pl)	Մնաք բարո́վ	[mnakʰ baróv!]
despedir-se (vr)	հրաժեշտ տալ	[hraʒéšt tál]
Até logo!	Առա́յժմ	[arájʒm!]
Obrigado! -a!	Շնորհակալությու́ն	[šnorhakalutʰjún!]
Muito obrigado! -a!	Շատ շնորհակա́լ եմ	[šat šnorhakál em!]
De nada	Խնդրեմ	[χndrem]
Não tem de quê	Հոգ չէ	[hog čē]
De nada	չարժե	[čarʒé]
Desculpa!	Ներողությու́ն	[neroġutʰjún!]
Desculpe!	Ներեցե́ք	[neretsʰékʰ!]
desculpar (vt)	ներել	[nerél]
desculpar-se (vr)	ներողություն խնդրել	[neroġutʰjún χndrél]
As minhas desculpas	Ներեցեք	[neretsʰékʰ]

Desculpe!	Ներեցե՛ք	[neretsʰékʰ!]
perdoar (vt)	ներել	[nerél]
por favor	խնդրում եմ	[χndrúm em]

Não se esqueça!	Չմոռանա՛ք	[čmoranákʰ!]
Certamente! Claro!	Իհա՛րկե	[ihárke!]
Claro que não!	Իհարկե ո՛չ	[ihárke voč!]
Está bem! De acordo!	Համաձա՛յն եմ	[hamadzájn em!]
Basta!	Բավակա՛ն է	[bavakán ē!]

3. Como se dirigir a alguém

senhor	Պարո՛ն	[parón]
senhora	Տիկի՛ն	[tikín]
rapariga	Օրիո՛րդ	[oriórd]
rapaz	Երիտասա՛րդ	[eritasárd]
menino	Տղա՛	[tġa]
menina	Աղջի՛կ	[aġdʒík]

4. Números cardinais. Parte 1

zero	զրո	[zro]
um	մեկ	[mek]
dois	երկու	[erkú]
três	երեք	[erékʰ]
quatro	չորս	[čors]

cinco	հինգ	[hing]
seis	վեց	[vetsʰ]
sete	յոթ	[jotʰ]
oito	ութ	[utʰ]
nove	ինը	[ínə]

dez	տաս	[tas]
onze	տասնմեկ	[tasnmék]
doze	տասներկու	[tasnerkú]
treze	տասներեք	[tasnerékʰ]
catorze	տասնչորս	[tasnčórs]

quinze	տասնհինգ	[tasnhíng]
dezasseis	տասնվեց	[tasnvétsʰ]
dezassete	տասնյոթ	[tasnjótʰ]
dezoito	տասնութ	[tasnútʰ]
dezanove	տասնինը	[tasnínə]

vinte	քսան	[kʰsan]
vinte e um	քսանմեկ	[kʰsanmék]
vinte e dois	քսաներկու	[kʰsanerkú]
vinte e três	քսաներեք	[ksanerékʰ]

| trinta | երեսուն | [eresún] |
| trinta e um | երեսունմեկ | [eresunmék] |

T&P Books. Vocabulário Português-Arménio - 5000 palavras

trinta e dois	երեսուներկու	[eresunerkú]
trinta e três	երեսուներեք	[eresunerékʰ]
quarenta	քառասուն	[kʰarasún]
quarenta e um	քառասունմեկ	[kʰarasunmék]
quarenta e dois	քառասուներկու	[kʰarasunerkú]
quarenta e três	քառասուներեք	[karasunerékʰ]
cinquenta	հիսուն	[hisún]
cinquenta e um	հիսունմեկ	[hisunmék]
cinquenta e dois	հիսուներկու	[hisunerkú]
cinquenta e três	հիսուներեք	[hicunerékʰ]
sessenta	վաթսուն	[vatʰsún]
sessenta e um	վաթսունմեկ	[vatʰsunmék]
sessenta e dois	վաթսուներկու	[vatʰsunerkú]
sessenta e três	վաթսուներեք	[vatʰsunerékʰ]
setenta	յոթանասուն	[jotʰanasún]
setenta e um	յոթանասունմեկ	[jotʰanasunmék]
setenta e dois	յոթանասուներկու	[jotʰanasunerkú]
setenta e três	յոթանասուներեք	[jotʰanasunerékʰ]
oitenta	ութսուն	[utʰsún]
oitenta e um	ութսունմեկ	[utʰsunmék]
oitenta e dois	ութսուներկու	[utʰsunerkú]
oitenta e três	ութսուներեք	[utʰsunerékʰ]
noventa	իննսուն	[innsún]
noventa e um	իննսունմեկ	[innsunmék]
noventa e dois	իննսուներկու	[innsunerkú]
noventa e três	իննսուներեք	[innsunerékʰ]

5. Números cardinais. Parte 2

cem	հարյուր	[harjúr]
duzentos	երկու հարյուր	[erkú harjúr]
trezentos	երեք հարյուր	[erékʰ harjúr]
quatrocentos	չորս հարյուր	[čórs harjúr]
quinhentos	հինգ հարյուր	[hing harjúr]
seiscentos	վեց հարյուր	[vetsʰ harjúr]
setecentos	յոթ հարյուր	[jotʰ harjúr]
oitocentos	ութ հարյուր	[utʰ harjúr]
novecentos	ինը հարյուր	[ínə harjúr]
mil	հազար	[hazár]
dois mil	երկու հազար	[erkú hazár]
De quem são ...?	երեք հազար	[erékʰ hazár]
dez mil	տաս հազար	[tas hazár]
cem mil	հարյուր հազար	[harjúr hazár]
um milhão	միլիոն	[milión]
mil milhões	միլիարդ	[miliárd]

6. Números ordinais

primeiro	առաջին	[aradʒín]
segundo	երկրորդ	[erkrórd]
terceiro	երրորդ	[errórd]
quarto	չորրորդ	[čorrórd]
quinto	հինգերորդ	[híngerord]
sexto	վեցերորդ	[vétsʰerord]
sétimo	յոթերորդ	[jótʰerord]
oitavo	ութերորդ	[útʰerord]
nono	իններորդ	[ínnerord]
décimo	տասներորդ	[tásnerord]

7. Números. Frações

fração (f)	կոտորակ	[kotorák]
um meio	մեկ երկրորդ	[mek erkrórd]
um terço	մեկ երրորդ	[mek errórd]
um quarto	մեկ չորրորդ	[mek čorrórd]
um oitavo	մեկ ութերորդ	[mek útʰerord]
um décimo	մեկ տասներորդ	[mek tásnerord]
dois terços	երկու երրորդ	[erkú errórd]
três quartos	երեք չորրորդ	[erékʰ čorrórd]

8. Números. Operações básicas

subtração (f)	հանում	[hanúm]
subtrair (vi, vt)	հանել	[hanél]
divisão (f)	բաժանում	[baʒanúm]
dividir (vt)	բաժանել	[baʒanél]
adição (f)	գումարում	[gumarúm]
somar (vt)	գումարել	[gumarél]
adicionar (vt)	գումարել	[gumarél]
multiplicação (f)	բազմապատկում	[bazmapatkúm]
multiplicar (vt)	բազմապատկել	[bazmapatkél]

9. Números. Diversos

algarismo, dígito (m)	թիվ	[tʰiv]
número (m)	թիվ	[tʰiv]
numeral (m)	համարիչ	[hamaríč]
menos (m)	մինուս	[mínus]
mais (m)	պլյուս	[pljus]
fórmula (f)	բանաձև	[banadzév]
cálculo (m)	հաշվարկ	[hašvárk]
contar (vt)	հաշվել	[hašvél]

calcular (vt)	հաշվարկ անել	[hašvárk anél]
comparar (vt)	համեմատել	[hamematél]
Quanto, -os, -as?	քանի՞	[kʰaní?]
soma (f)	գումար	[gumár]
resultado (m)	արդյունք	[ardjúnkʰ]
resto (m)	մնացորդ	[mnatsʰórd]
alguns, algumas ...	մի քանի	[mi kʰaní]
poucos, -as (~ pessoas)	մի փոքր ...	[mi pʰokʰr ...]
um pouco (~ de vlnho)	մի քիչ ...	[mi kʰič ...]
resto (m)	մնացածը	[mnatsʰátsə]
um e meio	մեկ ու կես	[mek u kes]
dúzia (f)	դյուժին	[djuʒín]
ao meio	կես	[kes]
em partes iguais	հավասար	[havasár]
metade (f)	կես	[kes]
vez (f)	անգամ	[angám]

10. Os verbos mais importantes. Parte 1

abrir (vt)	բացել	[batsʰél]
acabar, terminar (vt)	ավարտել	[avartél]
aconselhar (vt)	խորհուրդ տալ	[χorhúrd tal]
adivinhar (vt)	գուշակել	[gušakél]
advertir (vt)	զգուշացնել	[zgušatsʰnél]
ajudar (vt)	օգնել	[ognél]
almoçar (vi)	ճաշել	[čašél]
alugar (~ um apartamento)	վարձել	[vardzél]
amar (vt)	սիրել	[sirél]
ameaçar (vt)	սպառնալ	[sparnál]
anotar (escrever)	գրառել	[grarél]
apanhar (vt)	բռնել	[brnel]
apressar-se (vr)	շտապել	[štapél]
arrepender-se (vr)	ափսոսալ	[apʰsosál]
assinar (vt)	ստորագրել	[storagrél]
atirar, disparar (vi)	կրակել	[krakél]
brincar (vi)	կատակել	[katakél]
brincar, jogar (crianças)	խաղալ	[χaġál]
buscar (vt)	փնտրել	[pʰntrel]
caçar (vi)	որս անել	[vors anél]
cair (vi)	ընկնել	[ənknél]
cavar (vt)	փորել	[pʰorél]
cessar (vt)	դադարեցնել	[dadaretsʰnél]
chamar (~ por socorro)	կանչել	[kančél]
chegar (vi)	ժամանել	[ʒamanél]
chorar (vi)	լացել	[latsʰél]
comparar (vt)	համեմատել	[hamematél]
compreender (vt)	հասկանալ	[haskanál]

T&P Books. Vocabulário Português-Arménio - 5000 palavras

| concordar (vi) | համաձայնվել | [hamadzajnvél] |
| confiar (vt) | վստահել | [vstahél] |

confundir (equivocar-se)	շփոթել	[špʰotʰél]
conhecer (vt)	ճանաչել	[čanačél]
contar (fazer contas)	հաշվել	[hašvél]
contar com (esperar)	հույս դնել ... վրա	[hujs dnel ... vra]
continuar (vt)	շարունակել	[šarunakél]

controlar (vt)	վերահսկել	[verahskél]
convidar (vt)	հրավիրել	[hravirél]
correr (vi)	վազել	[vazél]
criar (vt)	ստեղծել	[steġtsél]
custar (vt)	արժենալ	[arʒenál]

11. Os verbos mais importantes. Parte 2

dar (vt)	տալ	[tal]
dar uma dica	ակնարկել	[aknarkél]
decorar (enfeitar)	զարդարել	[zardarél]
defender (vt)	պաշտպանել	[paštpanél]
deixar cair (vt)	վայր գցել	[vájr gtsʰel]

descer (para baixo)	իջնել	[idʒnél]
desculpar-se (vr)	ներողություն խնդրել	[neroġutʰjún χndrél]
dirigir (~ uma empresa)	ղեկավարել	[ġekavarél]
discutir (notícias, etc.)	քննարկել	[kʰnnarkél]
dizer (vt)	ասել	[asél]

duvidar (vt)	կասկածել	[kaskatsél]
encontrar (achar)	գտնել	[gtnel]
enganar (vt)	խաբել	[χabél]
entrar (na sala, etc.)	մտնել	[mtnel]
enviar (uma carta)	ուղարկել	[uġarkél]

errar (equivocar-se)	սխալվել	[sχalvél]
escolher (vt)	ընտրել	[əntrél]
esconder (vt)	թաքցնել	[tʰakʰtsʰnél]
escrever (vt)	գրել	[grel]
esperar (o autocarro, etc.)	սպասել	[spasél]

esperar (ter esperança)	հուսալ	[husál]
esquecer (vt)	մոռանալ	[moranál]
estudar (vt)	ուսումնասիրել	[usumnasirél]
exigir (vt)	պահանջել	[pahandʒél]
existir (vi)	գոյություն ունենալ	[gojutʰjún unenál]

explicar (vt)	բացատրել	[batsʰatrél]
falar (vi)	խոսել	[χosél]
faltar (clases, etc.)	բաց թողնել	[batsʰ tʰoġnél]
fazer (vt)	անել	[anél]
ficar em silêncio	լռել	[lrel]
gabar-se, jactar-se (vr)	պարծենալ	[partsenál]
gostar (apreciar)	դուր գալ	[dur gal]

16

gritar (vi)	բղավել	[bġavél]
guardar (cartas, etc.)	պահպանել	[pahpanél]
informar (vt)	տեղեկացնել	[teġekatsʰnél]
insistir (vi)	պնդել	[pndel]
insultar (vt)	վիրավորել	[viravorél]
interessar-se (vr)	հետաքրքրվել	[hetakʰrkʰrvél]
ir (a pé)	գնալ	[gnal]
ir nadar	լողալ	[loġál]
jantar (vi)	ընթրել	[əntʰrél]

12. Os verbos mais importantes. Parte 3

ler (vt)	կարդալ	[kardál]
libertar (cidade, etc.)	ազատագրել	[azatagrél]
matar (vt)	սպանել	[spanél]
mencionar (vt)	հիշատակել	[hišatakél]
mostrar (vt)	ցույց տալ	[tsʰújtsʰ tal]
mudar (modificar)	փոխել	[pʰoχél]
nadar (vi)	լողալ	[loġál]
negar-se a ...	հրաժարվել	[hraʒarvél]
objetar (vt)	հակաճառել	[hakačarél]
observar (vt)	հետևել	[hetevél]
ordenar (mil.)	հրամայել	[hramajél]
ouvir (vt)	լսել	[lsel]
pagar (vt)	վճարել	[včarél]
parar (vi)	կանգ առնել	[káng arnél]
participar (vi)	մասնակցել	[masnaktsʰél]
pedir (comida)	պատվիրել	[patvirél]
pedir (um favor, etc.)	խնդրել	[χndrel]
pegar (tomar)	վերցնել	[vertsʰnél]
pensar (vt)	մտածել	[mtatsél]
perceber (ver)	նկատել	[nkatél]
perdoar (vt)	ներել	[nerél]
perguntar (vt)	հարցնել	[hartsʰnél]
permitir (vt)	թույլատրել	[tʰujlatrél]
pertencer a ...	պատկանել	[patkanél]
planear (vt)	պլանավորել	[planavorél]
poder (vi)	կարողանալ	[karoġanál]
possuir (vt)	ունենալ	[unenál]
preferir (vt)	նախընտրել	[naχəntrél]
preparar (vt)	պատրաստել	[patrastél]
prever (vt)	կանխատեսել	[kanχatesél]
prometer (vt)	խոստանալ	[χostanál]
pronunciar (vt)	արտասանել	[artasanél]
propor (vt)	առաջարկել	[aradʒarkél]
punir (castigar)	պատժել	[patʒél]

13. Os verbos mais importantes. Parte 4

quebrar (vt)	կոտրել	[kotrél]
queixar-se (vr)	գանգատվել	[gangatvél]
querer (desejar)	ուզենալ	[uzenál]
recomendar (vt)	երաշխավորել	[erašxavorél]
repetir (dizer outra vez)	կրկնել	[krknel]
repreender (vt)	կշտամբել	[kštambél]
reservar (~ um quarto)	ամրագրել	[amragrél]
responder (vt)	պատասխանել	[patasxanél]
rezar, orar (vi)	աղոթել	[aġotʰél]
rir (vi)	ծիծաղել	[tsitsaġél]
roubar (vt)	գողանալ	[goġanál]
saber (vt)	իմանալ	[imanál]
sair (~ de casa)	դուրս գալ	[durs gal]
salvar (vt)	փրկել	[pʰrkel]
seguir ...	գնալ ... հետևից	[gnal ... hetevítsʰ]
sentar-se (vr)	նստել	[nstel]
ser necessário	պետք լինել	[pétkʰ linél]
ser, estar	լինել	[linél]
significar (vt)	նշանակել	[nšanakél]
sorrir (vi)	ժպտալ	[ʒptal]
surpreender-se (vr)	զարմանալ	[zarmanál]
tentar (vt)	փորձել	[pʰordzél]
ter (vt)	ունենալ	[unenál]
ter fome	ուզենալ ուտել	[uzenál utél]
ter medo	վախենալ	[vaxenál]
ter sede	ուզենալ խմել	[uzenál xmel]
tocar (com as mãos)	ձեռք տալ	[dzérkʰ tal]
tomar o pequeno-almoço	նախաճաշել	[naxačašél]
trabalhar (vi)	աշխատել	[ašxatél]
traduzir (vt)	թարգմանել	[tʰargmanél]
unir (vt)	միավորել	[miavorél]
vender (vt)	վաճառել	[vačarél]
ver (vt)	տեսնել	[tesnél]
virar (ex. ~ à direita)	թեքվել	[tʰekʰvél]
voar (vi)	թռչել	[tʰrčel]

14. Cores

cor (f)	գույն	[gujn]
matiz (m)	երանգ	[eráng]
tom (m)	գունեբանգ	[guneráng]
arco-íris (m)	ծիածան	[tsiatsán]
branco	սպիտակ	[spiták]
preto	սև	[sev]

cinzento	մոխրագույն	[moxragújn]
verde	կանաչ	[kanáč]
amarelo	դեղին	[deġín]
vermelho	կարմիր	[karmír]

azul	կապույտ	[kapújt]
azul claro	երկնագույն	[erknagújn]
rosa	վարդագույն	[vardagújn]
laranja	նարնջագույն	[narndʒagújn]
violeta	մանուշակագույն	[manušakagújn]
castanho	շագանակագույն	[šaganakagújn]

dourado	ոսկե	[voské]
prateado	արծաթագույն	[artsatʰagújn]

bege	բեժ	[beʒ]
creme	կրեմագույն	[kremagújn]
turquesa	փիրուզագույն	[pʰiruzagújn]
vermelho cereja	բալագույն	[balagújn]
lilás	բաց մանուշակագույն	[batsʰ manušakagújn]
carmesim	մորեգույն	[moregújn]

claro	բաց	[batsʰ]
escuro	մուգ	[mug]
vivo	վառ	[var]

de cor	գունավոր	[gunavór]
a cores	գունավոր	[gunavór]
preto e branco	սև ու սպիտակ	[sev u spiták]
unicolor	միագույն	[miagújn]
multicor	գույնզգույն	[gujnzgújn]

15. Questões

Quem?	Ո՞վ	[ov?]
Que?	Ի՞նչ	[inč?]
Onde?	Որտե՞ղ	[vortéġ?]
Para onde?	Ո՞ւր	[ur?]
De onde?	Որտեղի՞ց	[vorteġítsʰ?]
Quando?	Ե՞րբ	[erb?]
Para quê?	Ինչու՞	[inčú?]
Porquê?	Ինչու՞	[inčú?]

Para quê?	Ինչի՞ համար	[inčí hamár?]
Como?	Ինչպե՞ս	[inčpés?]
Qual?	Ինչպիսի՞	[inčpisí?]
Qual? (entre dois ou mais)	Ո՞րը	[voré?]

A quem?	Ո՞ւմ	[um?]
Sobre quem?	Ո՞ւմ մասին	[úm masín?]
Do quê?	Ինչի՞ մասին	[inčí masín?]
Com quem?	Ո՞ւմ հետ	[úm het?]
Quanto, -os, -as?	Քանի՞	[kʰaní?]
De quem? (masc.)	Ո՞ւմ	[um?]

16. Preposições

com (prep.)	... հետ	[... het]
sem (prep.)	առանց	[aránts ʰ]
a, para (exprime lugar)	մեջ	[medʒ]
sobre (ex. falar ~)	մասին	[masín]
antes de ...	առաջ	[arádʒ]
diante de ...	առաջ	[arádʒ]
sob (debaixo de)	տակ	[tak]
sobre (em cima de)	վերևում	[verevúm]
sobre (~ a mesa)	վրա	[vra]
de (vir ~ Lisboa)	... իգ	[... its ʰ]
de (feito ~ pedra)	... իգ	[... its ʰ]
dentro de (~ dez minutos)	... անց	[... ants ʰ]
por cima de ...	միջով	[midʒóv]

17. Palavras funcionais. Advérbios. Parte 1

Onde?	Որտե՞ղ	[vortéǵ?]
aqui	այստեղ	[ajstéǵ]
lá, ali	այնտեղ	[ajntéǵ]
em algum lugar	որևէ տեղ	[vorevē teǵ]
em lugar nenhum	ոչ մի տեղ	[voč mi teǵ]
ao pé de ...	... մոտ	[... mot]
ao pé da janela	պատուհանի մոտ	[patuhaní mót]
Para onde?	Ո՞ւր	[ur?]
para cá	այստեղ	[ajstéǵ]
para lá	այնտեղ	[ajntéǵ]
daqui	այստեղից	[ajsteǵíts ʰ]
de lá, dali	այնտեղից	[ajnteǵíts ʰ]
perto	մոտ	[mot]
longe	հեռու	[herú]
perto de ...	մոտ	[mot]
ao lado de	մոտակայքում	[motakajk ʰ úm]
perto, não fica longe	մոտիկ	[motík]
esquerdo	ձախ	[dzaχ]
à esquerda	ձախ կողմից	[dzaχ koǵmíts ʰ]
para esquerda	դեպի ձախ	[depí dzaχ]
direito	աջ	[adʒ]
à direita	աջ կողմից	[adʒ koǵmíts ʰ]
para direita	դեպի աջ	[depí adʒ]
à frente	առջևից	[ardʒevíts ʰ]
da frente	առջևի	[ardʒeví]

em frente (para a frente)	առաջ	[arádʒ]
atrás de ...	հետևում	[hetevúm]
por detrás (vir ~)	հետևից	[hetevítsʰ]
para trás	հետ	[het]
meio (m), metade (f)	մեջտեղ	[medʒtéġ]
no meio	մեջտեղում	[medʒteġúm]
de lado	կողքից	[koġkʰítsʰ]
em todo lugar	ամենուր	[amenúr]
ao redor (olhar ~)	շուրջը	[šúrdʒə]
de dentro	միջից	[midʒítsʰ]
para algum lugar	որևէ տեղ	[vorevē teġ]
diretamente	ուղիղ	[uġíġ]
de volta	ետ	[et]
de algum lugar	որևէ տեղից	[vorevē teġítsʰ]
de um lugar	ինչ-որ տեղից	[inč vor teġítsʰ]
em primeiro lugar	առաջինը	[aradʒínə]
em segundo lugar	երկրորդը	[erkrórdə]
em terceiro lugar	երրորդը	[errórdə]
de repente	հանկարծակի	[hankartsáki]
no início	սկզբում	[skzbum]
pela primeira vez	առաջին անգամ	[aradʒín angám]
muito antes de ...	... շատ առաջ	[... šat arádʒ]
de novo, novamente	կրկին	[krkin]
para sempre	ընդմիշտ	[əndmíšt]
nunca	երբեք	[erbékʰ]
de novo	նորից	[norítsʰ]
agora	այժմ	[ajʒm]
frequentemente	հաճախ	[hačáχ]
então	այն ժամանակ	[ajn ʒamanák]
urgentemente	շտապ	[štap]
usualmente	սովորաբար	[sovorabár]
a propósito, ...	ի դեպ, ...	[i dep ...]
é possível	հնարավոր է	[hnaravór ē]
provavelmente	հավանաբար	[havanabár]
talvez	միգուցե	[migutsʰé]
além disso, ...	բացի այդ, ...	[batsʰí ájd ...]
por isso ...	այդ պատճառով	[ajd patčaróv]
apesar de ...	չնայած ...	[čnajáts ...]
graças a ...	շնորհիվ ...	[šnorhív ...]
que (pron.)	ինչ	[inč]
que (conj.)	որ	[vor]
algo	ինչ-որ բան	[inč vor bán]
alguma coisa	որևէ բան	[vórevē ban]
nada	ոչ մի բան	[voč mi ban]
quem	ով	[ov]
alguém (~ teve uma ideia ...)	ինչ-որ մեկը	[inč vor mékə]

T&P Books. Vocabulário Português-Arménio - 5000 palavras

alguém	որևէ մեկը	[vórevē mékə]
ninguém	ոչ մեկ	[voč mek]
para lugar nenhum	ոչ մի տեղ	[voč mi teġ]
de ninguém	ոչ մեկից	[voč mekínə]
de alguém	որևէ մեկից	[vóreve mekínə]

tão	այնպես	[ajnpés]
também (gostaria ~ de …)	նմանապես	[nmanapés]
também (~ eu)	նույնպես	[nújnpes]

18. Palavras funcionais. Advérbios. Parte 2

Porquê?	Ինչո՞ւ	[inčú?]
por alguma razão	չգիտես ինչու	[čgités inčú]
porque …	որովհետև, …	[vorovhetév …]
por qualquer razão	ինչ-որ նպատակով	[inč vor npatakóv]

e (tu ~ eu)	և	[ev]
ou (ser ~ não ser)	կամ	[kam]
mas (porém)	բայց	[bajtsʰ]
para (~ a minha mãe)	համար	[hamár]

demasiado, muito	չափազանց	[čapʰazántsʰ]
só, somente	միայն	[miájn]
exatamente	ճիշտ	[čišt]
cerca de (~ 10 kg)	մոտ	[mot]

aproximadamente	մոտավորապես	[motavorapés]
aproximado	մոտավոր	[motavór]
quase	գրեթե	[grétʰe]
resto (m)	մնացածը	[mnatsʰátsə]

cada	յուրաքանչյուր	[jurakʰančjúr]
qualquer	ցանկացած	[tsankatsʰáts]
muito	շատ	[šat]
muitas pessoas	շատերը	[šatérə]
todos	բոլորը	[bolórə]

| em troca de … | ի փոխարեն … | [i pʰoxarén …] |
| em troca | փոխարեն | [pʰoxarén] |

| à mão | ձեռքով | [dzerkʰóv] |
| pouco provável | հազիվ թե | [hazív tʰe] |

provavelmente	երևի	[ereví]
de propósito	դիտմամբ	[ditmámb]
por acidente	պատահաբար	[patahabár]

muito	շատ	[šat]
por exemplo	օրինակ	[orinák]
entre	միջև	[midʒév]
entre (no meio de)	միջավայրում	[midʒavajrúm]
tanto	այնքան	[ajnkʰán]
especialmente	հատկապես	[hatkapés]

Conceitos básicos. Parte 2

19. Dias da semana

segunda-feira (f)	երկուշաբթի	[erkušabtʰí]
terça-feira (f)	երեքշաբթի	[erekʰšabtʰí]
quarta-feira (f)	չորեքշաբթի	[čorekʰšabtʰí]
quinta-feira (f)	հինգշաբթի	[hingšabtʰí]
sexta-feira (f)	ուրբաթ	[urbátʰ]
sábado (m)	շաբաթ	[šabátʰ]
domingo (m)	կիրակի	[kirakí]

hoje	այսօր	[ajsór]
amanhã	վաղը	[vágə]
depois de amanhã	վաղը չէ մյուս օրը	[vágə čē mjus órə]
ontem	երեկ	[erék]
anteontem	նախանցյալ օրը	[naχantsʰjál órə]

dia (m)	օր	[or]
dia (m) de trabalho	աշխատանքային օր	[ašχatankʰajín or]
feriado (m)	տոնական օր	[tonakán or]
dia (m) de folga	հանգստյան օր	[hangstján ór]
fim (m) de semana	շաբաթ, կիրակի	[šabátʰ, kirakí]

o dia todo	ամբողջ օր	[ambóġdʒ ór]
no dia seguinte	մյուս օրը	[mjus órə]
há dois dias	երկու օր առաջ	[erkú or árádʒ]
na véspera	նախորդ օրը	[naχórd órə]
diário	ամենօրյա	[amenorjá]
todos os dias	ամեն օր	[amén or]

semana (f)	շաբաթ	[šabátʰ]
na semana passada	անցյալ շաբաթ	[antsʰjál šabátʰ]
na próxima semana	հաջորդ շաբաթ	[hadʒórt shabát]
semanal	շաբաթական	[šabatʰakán]
cada semana	շաբաթական	[šabatʰakán]
duas vezes por semana	շաբաթը երկու անգամ	[šabátʰə erkú angám]
cada terça-feira	ամեն երեքշաբթի	[amén erekʰšabtʰí]

20. Horas. Dia e noite

manhã (f)	առավոտ	[aravót]
de manhã	առավոտյան	[aravotján]
meio-dia (m)	կեսօր	[kesór]
à tarde	ճաշից հետո	[čašítsʰ hetó]

noite (f)	երեկո	[erekó]
à noite (noitinha)	երեկոյան	[erekoján]

noite (f)	գիշեր	[gišér]
à noite	գիշերը	[gišérə]
meia-noite (f)	կեսգիշեր	[kesgišér]

segundo (m)	վայրկյան	[vajrkján]
minuto (m)	րոպե	[ropé]
hora (f)	ժամ	[ʒam]
meia hora (f)	կես ժամ	[kes ʒam]
quarto (m) de hora	քառորդ ժամ	[kʰarórd ʒam]
quinze minutos	տասնհինգ րոպե	[tasnhíng ropé]
vinte e quatro horas	օր	[or]

nascer (m) do sol	արևածագ	[arevatság]
amanhecer (m)	արևածագ	[arevatság]
madrugada (f)	վաղ առավոտ	[vaġ aravót]
pôr do sol (m)	մայրամուտ	[majramút]

de madrugada	վաղ առավոտյան	[váġ aravotján]
hoje de manhã	այսօր առավոտյան	[ajsór aravotján]
amanhã de manhã	վաղը առավոտյան	[váġə aravotján]

hoje à tarde	այսօր գերեկը	[ajsór tsʰerékə]
à tarde	ճաշից հետո	[čašítsʰ hetó]
amanhã à tarde	վաղը ճաշից հետո	[váġə čašítsʰ hetó]

| hoje à noite | այսօր երեկոյան | [ajsór erekoján] |
| amanhã à noite | վաղը երեկոյան | [váġə erekoján] |

às três horas em ponto	ուղիղ ժամը երեքին	[uġíġ ʒámə erekʰín]
por volta das quatro	մոտ ժամը չորսին	[mot ʒámə čorsín]
às doze	մոտ ժամը տասներկուսին	[mot ʒámə tasnerkusín]

dentro de vinte minutos	քսան րոպեից	[kʰsán ropeítsʰ]
dentro duma hora	մեկ ժամից	[mek ʒamítsʰ]
a tempo	ժամանակին	[ʒamanakín]

menos um quarto	տասնհինգ պակաս	[tasnhíng pakás]
durante uma hora	մեկ ժամվա ընթացքում	[mek ʒamvá əntʰatsʰkʰúm]
a cada quinze minutos	տասնհինգ րոպեն մեկ	[tasnhíng ropén mek]
as vinte e quatro horas	ողջ օրը	[voġdʒ órə]

21. Meses. Estações

janeiro (m)	հունվար	[hunvár]
fevereiro (m)	փետրվար	[pʰetrvár]
março (m)	մարտ	[mart]
abril (m)	ապրիլ	[apríl]
maio (m)	մայիս	[majís]
junho (m)	հունիս	[hunís]

julho (m)	հուլիս	[hulís]
agosto (m)	օգոստոս	[ogostós]
setembro (m)	սեպտեմբեր	[septembér]
outubro (m)	հոկտեմբեր	[hoktembér]

T&P Books. Vocabulário Português-Arménio - 5000 palavras

| novembro (m) | նոյեմբեր | [noembér] |
| dezembro (m) | դեկտեմբեր | [dektembér] |

primavera (f)	գարուն	[garún]
na primavera	գարնանը	[garnánə]
primaveril	գարնանային	[garnanajín]

verão (m)	ամառ	[amár]
no verão	ամռանը	[amránə]
de verão	ամարային	[amarajín]

outono (m)	աշուն	[ašún]
no outono	աշնանը	[ɑšnánə]
outonal	աշնանային	[ašnanajín]

inverno (m)	ձմեռ	[dzmer]
no inverno	ձմռանը	[dzmránə]
de inverno	ձմեռային	[dzmerajín]

mês (m)	ամիս	[amís]
este mês	այս ամիս	[ajs amís]
no próximo mês	մյուս ամիս	[mjús amís]
no mês passado	անցյալ ամիս	[antsʰjál amís]

há um mês	մեկ ամիս առաջ	[mek amís arádʒ]
dentro de um mês	մեկ ամիս հետո	[mek amís hetó]
dentro de dois meses	երկու ամիս հետո	[erkú amís hetó]
todo o mês	ամբողջ ամիս	[ambóɡdʒ amís]
um mês inteiro	ողջ ամիս	[voɡdʒ amís]

mensal	ամսական	[amsakán]
mensalmente	ամեն ամիս	[amén amís]
cada mês	ամեն ամիս	[amén amís]
duas vezes por mês	ամսական երկու անգամ	[amsakán erkú angám]

ano (m)	տարի	[tarí]
este ano	այս տարի	[ajs tarí]
no próximo ano	մյուս տարի	[mjus tarí]
no ano passado	անցյալ տարի	[antsʰjál tarí]

há um ano	մեկ տարի առաջ	[mek tarí arádʒ]
dentro dum ano	մեկ տարի անց	[mek tarí ántsʰ]
dentro de 2 anos	երկու տարի անց	[erkú tarí antsʰ]
todo o ano	ամբողջ տարի	[ambóɡdʒ tarí]
um ano inteiro	ողջ տարի	[voɡdʒ tarí]

cada ano	ամեն տարի	[amén tarí]
anual	տարեկան	[tarekán]
anualmente	ամեն տարի	[amén tarí]
quatro vezes por ano	տարեկան չորս անգամ	[tarekán čórs angám]

data (~ de hoje)	ամսաթիվ	[amsatʰív]
data (ex. ~ de nascimento)	ամսաթիվ	[amsatʰív]
calendário (m)	օրացույց	[oratsʰújtsʰ]
meio ano	կես տարի	[kes tarí]
seis meses	կիսամյակ	[kisamják]

estação (f)   սեզոն   [sezón]
século (m)   դար   [dar]

22. Unidades de medida

peso (m)   քաշ   [kʰaš]
comprimento (m)   երկարություն   [erkarutʰjún]
largura (f)   լայնություն   [lajnutʰjún]
altura (f)   բարձրություն   [bardzrutʰjún]
profundidade (f)   խորություն   [χorutʰjún]
volume (m)   ծավալ   [tsavál]
área (f)   մակերես   [makerés]

grama (m)   գրամ   [gram]
miligrama (m)   միլիգրամ   [miligrám]
quilograma (m)   կիլոգրամ   [kilográm]
tonelada (f)   տոննա   [tónna]
libra (453,6 gramas)   ֆունտ   [funt]
onça (f)   ունցիա   [úntsʰia]

metro (m)   մետր   [metr]
milímetro (m)   միլիմետր   [milimétr]
centímetro (m)   սանտիմետր   [santimétr]
quilómetro (m)   կիլոմետր   [kilométr]
milha (f)   մղոն   [mġon]

polegada (f)   դյույմ   [djujm]
pé (304,74 mm)   ֆութ   [futʰ]
jarda (914,383 mm)   յարդ   [jard]

metro (m) quadrado   քառակուսի մետր   [kʰarakusí métr]
hectare (m)   հեկտար   [hektár]

litro (m)   լիտր   [litr]
grau (m)   աստիճան   [astičán]
volt (m)   վոլտ   [volt]
ampere (m)   ամպեր   [ampér]
cavalo-vapor (m)   ձիաուժ   [dziaúʒ]

quantidade (f)   քանակ   [kʰanák]
um pouco de …   մի փոքր …   [mi pʰokʰr …]
metade (f)   կես   [kes]

dúzia (f)   դյուժին   [djuʒín]
peça (f)   հատ   [hat]

dimensão (f)   չափս   [čapʰs]
escala (f)   մասշտաբ   [masštáb]

mínimo   նվազագույն   [nvazagújn]
menor, mais pequeno   փոքրագույն   [pʰokʰragújn]
médio   միջին   [midʒín]
máximo   առավելագույն   [aravelagújn]
maior, mais grande   մեծագույն   [metsagújn]

23. Recipientes

boião (m) de vidro	բանկա	[banká]
lata (~ de cerveja)	տարա	[tará]
balde (m)	դույլ	[dujl]
barril (m)	տակառ	[takár]
bacia (~ de plástico)	թաս	[tʰas]
tanque (m)	բաք	[bakʰ]
cantil (m) de bolso	տափակաշիշ	[tapʰakašíš]
bidão (m) de gasolina	թիթեղ	[tʰitʰég]
cisterna (f)	ցիստեռն	[tsʰistérn]
caneca (f)	գավաթ	[gavátʰ]
chávena (f)	բաժակ	[baʒák]
pires (m)	պնակ	[pnak]
copo (m)	բաժակ	[baʒák]
taça (f) de vinho	գավաթ	[gavátʰ]
panela, caçarola (f)	կաթսա	[katʰsá]
garrafa (f)	շիշ	[šiš]
gargalo (m)	բերան	[berán]
jarro, garrafa (f)	գրաֆին	[grafín]
jarro (m) de barro	սափոր	[sapʰór]
recipiente (m)	անոթ	[anótʰ]
pote (m)	կճուճ	[kčuč]
vaso (m)	վազա	[váza]
frasco (~ de perfume)	սրվակ	[srvak]
frasquinho (ex. ~ de iodo)	սրվակիկ	[srvakík]
tubo (~ de pasta dentífrica)	պարկուճ	[parkúč]
saca (ex. ~ de açúcar)	պարկ	[park]
saco (~ de plástico)	տոպրակ	[toprák]
maço (m)	տուփ	[tupʰ]
caixa (~ de sapatos, etc.)	տուփ	[tupʰ]
caixa (~ de madeira)	դարակ	[darák]
cesta (f)	զամբյուղ	[zambjúġ]

O SER HUMANO

O ser humano. O corpo

24. Cabeça

cabeça (f)	գլուխ	[glux]
cara (f)	երես	[erés]
nariz (m)	քիթ	[kʰitʰ]
boca (f)	բերան	[berán]
olho (m)	աչք	[ačkʰ]
olhos (m pl)	աչքեր	[ačkʰér]
pupila (f)	բիբ	[bib]
sobrancelha (f)	ունք	[unkʰ]
pestana (f)	թարթիչ	[tʰartʰíč]
pálpebra (f)	կոպ	[kap]
língua (f)	լեզու	[lezú]
dente (m)	ատամ	[atám]
lábios (m pl)	շրթունքներ	[šrtʰunkʰnér]
maçãs (f pl) do rosto	այտոսկրեր	[ajtoskrér]
gengiva (f)	լինդ	[lind]
palato (m)	քիմք	[kimkʰ]
narinas (f pl)	քթածակեր	[kʰtʰatsakér]
queixo (m)	կզակ	[kzak]
mandíbula (f)	ծնոտ	[tsnot]
bochecha (f)	այտ	[ajt]
testa (f)	ճակատ	[čakát]
têmpora (f)	քներակ	[kʰnerák]
orelha (f)	ականջ	[akándʒ]
nuca (f)	ծոծրակ	[tsotsrák]
pescoço (m)	պարանոց	[paranótsʰ]
garganta (f)	կոկորդ	[kokórd]
cabelos (m pl)	մազեր	[mazér]
penteado (m)	սանրվածք	[sanrvátskʰ]
corte (m) de cabelo	սանրվածք	[sanrvátskʰ]
peruca (f)	կեղծամ	[keġtsám]
bigode (m)	բեղեր	[beġér]
barba (f)	մորուք	[morúkʰ]
usar, ter (~ barba, etc.)	կրել	[krel]
trança (f)	հյուս	[hjus]
suíças (f pl)	այտամորուք	[ajtamorúkʰ]
ruivo	շիկահեր	[šikahér]
grisalho	ալեհեր	[alehér]

| calvo | ճաղատ | [čaġát] |
| calva (f) | ճաղատ | [čaġát] |

| rabo-de-cavalo (m) | պոչ | [poč] |
| franja (f) | մազափունջ | [mazapʰúndʒ] |

25. Corpo humano

| mão (f) | դաստակ | [dasták] |
| braço (m) | թև | [tʰev] |

dedo (m)	մատ	[mat]
polegar (m)	բութ մատ	[butʰ mát]
dedo (m) mindinho	ճկույթ	[čkujtʰ]
unha (f)	եղունգ	[eġúng]

punho (m)	բռունցք	[bruntsʰkʰ]
palma (f) da mão	ափ	[apʰ]
pulso (m)	դաստակ	[dasták]
antebraço (m)	նախաբազուկ	[naχabazúk]
cotovelo (m)	արմունկ	[armúnk]
ombro (m)	ուս	[us]

perna (f)	ոտք	[votkʰ]
pé (m)	ոտնաթաթ	[votnatʰátʰ]
joelho (m)	ծունկ	[tsunk]
barriga (f) da perna	սրունք	[srunkʰ]
anca (f)	ազդր	[azdr]
calcanhar (m)	կրունկ	[krunk]

corpo (m)	մարմին	[marmín]
barriga (f)	փոր	[pʰor]
peito (m)	կրծքավանդակ	[krtskʰavandák]
seio (m)	կուրծք	[kurtskʰ]
lado (m)	կող	[koġ]
costas (f pl)	մեջք	[medʒkʰ]
região (f) lombar	գոտկատեղ	[gotkatéġ]
cintura (f)	գոտկատեղ	[gotkatéġ]

umbigo (m)	պորտ	[port]
nádegas (f pl)	նստատեղ	[nstatéġ]
traseiro (m)	հետույք	[hetújkʰ]

sinal (m)	խալ	[χal]
tatuagem (f)	դաջվածք	[dadʒvátskʰ]
cicatriz (f)	սպի	[spi]

Vestuário & Acessórios

26. Roupa exterior. Casacos

roupa (f)	հագուստ	[hagúst]
roupa (f) exterior	վերնազգեստ	[vernazgést]
roupa (f) de inverno	ձմեռային հագուստ	[dzmerajín hagúst]
sobretudo (m)	վերարկու	[verarkú]
casaco (m) de peles	մուշտակ	[mušták]
casaco curto (m) de peles	կիսամուշտակ	[kisamušták]
casaco (m) acolchoado	բմբուլե բաճկոն	[bmbulé bačkón]
casaco, blusão (m)	բաճկոն	[bačkón]
impermeável (m)	թիկնոց	[tʰiknótsʰ]
impermeável	անջրանցիկ	[andʒrantsʰík]

27. Vestuário de homem & mulher

camisa (f)	վերնաշապիկ	[vernašapík]
calças (f pl)	տաբատ	[tabát]
calças (f pl) de ganga	ջինսեր	[dʒinsér]
casaco (m) de fato	պիջակ	[pidʒák]
fato (m)	կոստյում	[kostjúm]
vestido (ex. ~ vermelho)	զգեստ	[zgest]
saia (f)	շրջազգեստ	[šrdʒazgést]
blusa (f)	բլուզ	[bluz]
casaco (m) de malha	կոֆտա	[koftá]
casaco, blazer (m)	ժակետ	[ʒakét]
T-shirt, camiseta (f)	մարզաշապիկ	[marzašapík]
calções (Bermudas, etc.)	կարճ տաբատ	[karč tabát]
fato (m) de treino	մարզազգեստ	[marzazgést]
roupão (m) de banho	խալաթ	[χalátʰ]
pijama (m)	ննջազգեստ	[nndʒazgést]
suéter (m)	սվիտեր	[svitér]
pulôver (m)	պուլովեր	[pulóver]
colete (m)	բաճկոնակ	[bačkonák]
fraque (m)	ֆրակ	[frak]
smoking (m)	սմոկինգ	[smóking]
uniforme (m)	համազգեստ	[hamazgést]
roupa (f) de trabalho	աշխատանքային համազգեստ	[ašχatankʰajín hamazgést]
fato-macaco (m)	կոմբինեզոն	[kombinezón]
bata (~ branca, etc.)	խալաթ	[χalátʰ]

28. Vestuário. Roupa interior

roupa (f) interior	ներքնազգեստ	[nerkʰnazgést]
camisola (f) interior	ներքնաշապիկ	[nerkʰnašapík]
peúgas (f pl)	կիսագուլպա	[kisagulpá]
camisa (f) de noite	գիշերանոց	[gišeranótsʰ]
sutiã (m)	կրծկալ	[krtskʰákal]
meias longas (f pl)	կարճ գուլպաներ	[karč gulpanér]
meia-calça (f)	զուգագուլպա	[zugagulpá]
meias (f pl)	գուլպաներ	[gulpanér]
fato (m) de banho	լողազգեստ	[loġazgésl]

29. Adereços de cabeça

chapéu (m)	գլխարկ	[glxark]
chapéu (m) de feltro	եզրավոր գլխարկ	[ezravór glxárk]
boné (m) de beisebol	մարզագլխարկ	[marzaglxárk]
boné (m)	կեպի	[képi]
boina (f)	բերետ	[berét]
capuz (m)	գլխանոց	[glxanótsʰ]
panamá (m)	պանամա	[panáma]
gorro (m) de malha	գործած գլխարկ	[gortsáts glxárk]
lenço (m)	գլխաշոր	[glxašór]
chapéu (m) de mulher	գլխարկիկ	[glxarkík]
capacete (m) de proteção	սաղավարտ	[saġavárt]
bibico (m)	պիլոտկա	[pilótka]
capacete (m)	սաղավարտ	[saġavárt]
chapéu-coco (m)	կոտելոկ	[kotelók]
chapéu (m) alto	գլանագլխարկ	[glanaglxárk]

30. Calçado

calçado (m)	կոշիկ	[košík]
botinas (f pl)	ճտքավոր կոշիկներ	[čtkʰavór košiknér]
sapatos (de salto alto, etc.)	կոշիկներ	[košiknér]
botas (f pl)	երկարաճիտ կոշիկներ	[erkaračít košiknér]
pantufas (f pl)	հողաթափեր	[hoġatʰapʰér]
ténis (m pl)	բոթասներ	[botʰasnér]
sapatilhas (f pl)	մարզական կոշիկներ	[marzakán košiknér]
sandálias (f pl)	սանդալներ	[sandalnér]
sapateiro (m)	կոշկակար	[koškakár]
salto (m)	կրունկ	[krunk]
par (m)	զույգ	[zujg]
atacador (m)	կոշկակապ	[koškakáp]

apertar os atacadores   կոշկակապել   [koškakapél]
calçadeira (f)   թիակ   [tʰiak]
graxa (f) para calçado   կոշիկի քսուք   [košikí ksúkʰ]

31. Acessórios pessoais

luvas (f pl)   ձեռնոցներ   [dzernotsʰnér]
mitenes (f pl)   ձեռնոց   [dzernótsʰ]
cachecol (m)   շարֆ   [šarf]

óculos (m pl)   ակնոց   [aknótsʰ]
armação (f) de óculos   շրջանակ   [šrdʒanák]
guarda-chuva (m)   հովանոց   [hovanótsʰ]
bengala (f)   ձեռնափայտ   [dzernapʰájt]
escova (f) para o cabelo   մազերի խոզանակ   [mazerí χozanák]
leque (m)   հովհար   [hovhár]

gravata (f)   փողկապ   [pʰoġkáp]
gravata-borboleta (f)   փողկապ-թիթեռնիկ   [pʰoġkáp tʰitʰerník]
suspensórios (m pl)   տաբատակալ   [tabatakál]
lenço (m)   թաշկինակ   [tʰaškinák]

pente (m)   սանր   [sanr]
travessão (m)   մազակալ   [mazakái]
gancho (m) de cabelo   ծամկալ   [tsamkál]
fivela (f)   ճարմանդ   [čarmánd]

cinto (m)   գոտի   [gotí]
correia (f)   փոկ   [pʰok]

mala (f)   պայուսակ   [pajusák]
mala (f) de senhora   կանացի պայուսակ   [kanatsʰí pajusák]
mochila (f)   ուղեպարկ   [uġepárk]

32. Vestuário. Diversos

moda (f)   նորաձևություն   [noradzevutʰjún]
na moda   նորաձև   [noradzév]
estilista (m)   մոդելյեր   [modelér]

colarinho (m), gola (f)   օձիք   [odzíkʰ]
bolso (m)   գրպան   [grpan]
de bolso   գրպանի   [grpaní]
manga (f)   թև   [tʰevkʰ]
alcinha (f)   կախիչ   [kaχíč]
braguilha (f)   լայնույթ   [lajnújtʰ]

fecho (m) de correr   կայծակաճարմանդ   [kajtsaka čarmánd]
fecho (m), colchete (m)   ճարմանդ   [čarmánd]
botão (m)   կոճակ   [kočák]
casa (f) de botão   հանգույց   [hangújtsʰ]
soltar-se (vr)   պոկվել   [pokvél]

32

coser, costurar (vi)	կարել	[karél]
bordar (vt)	ասեղնագործել	[aseġnagortsél]
bordado (m)	ասեղնագործություն	[aseġnagortsutʰjún]
agulha (f)	ասեղ	[aséġ]
fio (m)	թել	[tʰel]
costura (f)	կար	[kar]
sujar-se (vr)	կեղտոտվել	[keġtotvél]
mancha (f)	բիծ	[bits]
engelhar-se (vr)	ճմրթվել	[čmrtʰel]
rasgar (vt)	ճղվել	[čġvel]
traça (f)	ցեց	[tsʰetsʰ]

33. Cuidados pessoais. Cosméticos

pasta (f) de dentes	ատամի մածուկ	[atamí matsúk]
escova (f) de dentes	ատամի խոզանակ	[atamí χozanák]
escovar os dentes	ատամներն մաքրել	[atamnérə makʰrél]
máquina (f) de barbear	ածելի	[atselí]
creme (m) de barbear	սափրվելու կրեմ	[sapʰrvelú krem]
barbear-se (vr)	սափրվել	[sapʰrvél]
sabonete (m)	օճառ	[očár]
champô (m)	շամպուն	[šampún]
tesoura (f)	մկրատ	[mkrat]
lima (f) de unhas	խարտոց	[χartótsʰ]
corta-unhas (m)	ունելիք	[unelíkʰ]
pinça (f)	ունելի	[unelí]
cosméticos (m pl)	կոսմետիկա	[kosmétika]
máscara (f) facial	դիմակ	[dimák]
manicura (f)	մանիկյուր	[manikjúr]
fazer a manicura	մատնահարդարում	[matnahardarúm]
pedicure (f)	պեդիկյուր	[pedikjúr]
mala (f) de maquilhagem	կոսմետիկայի պայուսակ	[kosmetikají pajusák]
pó (m)	դիմափոշի	[dimapʰoší]
caixa (f) de pó	դիմափոշու ամա	[dimapʰošú amán]
blush (m)	կարմրաներկ	[karmranérk]
perfume (m)	օծանելիք	[otsanelíkʰ]
água (f) de toilette	անուշահոտ ջուր	[anušahót dʒur]
loção (f)	լոսյոն	[losjón]
água-de-colónia (f)	օդեկոլոն	[odekolón]
sombra (f) de olhos	կոպերի ներկ	[koperí nérk]
lápis (m) delineador	աչքի մատիտ	[ačkʰí matít]
máscara (f), rímel (m)	տուշ	[tuš]
batom (m)	շրթներկ	[šrtʰnerk]
verniz (m) de unhas	եղունգների լաք	[eġungnerí lákʰ]
laca (f) para cabelos	մազերի լաք	[mazerí lakʰ]

T&P Books. Vocabulário Português-Arménio - 5000 palavras

desodorizante (m)	դեզոդորանտ	[dezodoránt]
creme (m)	կրեմ	[krem]
creme (m) de rosto	դեմքի կրեմ	[demkʰí krem]
creme (m) de mãos	ձեռքի կրեմ	[dzerkʰí krem]
creme (m) antirrugas	կնճիռների դեմ կրեմ	[knčirnerí dém krém]
de dia	ցերեկային	[tsʰerekajín]
da noite	գիշերային	[gišerajín]

tampão (m)	տամպոն	[tampón]
papel (m) higiénico	զուգարանի թուղթ	[zugaraní tʰúġtʰ]
secador (m) elétrico	ֆեն	[fen]

34. Relógios de pulso. Relógios

relógio (m) de pulso	ձեռքի ժամացույց	[dzerkʰí ʒamatsʰújtsʰ]
mostrador (m)	թվահարթակ	[tʰvahartʰák]
ponteiro (m)	սլաք	[slakʰ]
bracelete (f) em aço	շղթա	[šġtʰa]
bracelete (f) em couro	փոկ	[pʰok]

pilha (f)	մարտկոց	[martkótsʰ]
descarregar-se	նստել	[nstel]
trocar a pilha	մարտկոցը փոխել	[martkótsʰə pʰoχél]
estar adiantado	առաջ ընկնել	[arádʒ ənknéi]
estar atrasado	ետ ընկնել	[et ənknél]

relógio (m) de parede	պատի ժամացույց	[patí ʒamatsʰújtsʰ]
ampulheta (f)	ավազի ժամացույց	[avazí ʒamatsʰújtsʰ]
relógio (m) de sol	արևի ժամացույց	[areví ʒamatsʰújtsʰ]
despertador (m)	զարթուցիչ	[zartʰutsʰíč]
relojoeiro (m)	ժամագործ	[ʒamagórts]
reparar (vt)	նորոգել	[norogél]

Alimentação. Nutrição

35. Comida

carne (f)	միս	[mis]
galinha (f)	հավ	[hav]
frango (m)	ճուտ	[čut]
pato (m)	բադ	[bad]
ganso (m)	սագ	[sag]
caça (f)	որսամիս	[vorsamís]
peru (m)	հնդկահավ	[hndkaháv]
carne (f) de porco	խոզի միս	[xozí mis]
carne (f) de vitela	հորթի միս	[hortʰí mís]
carne (f) de carneiro	ոչխարի միս	[vočχarí mis]
carne (f) de vaca	տավարի միս	[tavarí mis]
carne (f) de coelho	ճագար	[čagár]
chouriço, salsichão (m)	երշիկ	[eršík]
salsicha (f)	նրբերշիկ	[nrberšík]
bacon (m)	բեկոն	[bekón]
fiambre (f)	խոզապուխտ	[χozapúχt]
presunto (m)	ազդր	[azdr]
patê (m)	պաշտետ	[paštét]
fígado (m)	լյարդ	[ljard]
carne (f) moída	աղացած միս	[aġatsʰáts mis]
língua (f)	լեզու	[lezú]
ovo (m)	ձու	[dzu]
ovos (m pl)	ձվեր	[dzver]
clara (f) do ovo	սպիտակուց	[spitakútsʰ]
gema (f) do ovo	դեղնուց	[deġnútsʰ]
peixe (m)	ձուկ	[dzuk]
mariscos (m pl)	ծովամթերքներ	[tsovamtʰerkʰnér]
caviar (m)	ձկնկիթ	[dzknkitʰ]
caranguejo (m)	ծովախեցգետին	[tsovaχetsʰgetín]
camarão (m)	մանր ծովախեցգետին	[mánr tsovaχetsʰgetín]
ostra (f)	ոստրե	[vostré]
lagosta (f)	լանգուստ	[langúst]
polvo (m)	ութոտնուկ	[utʰotnúk]
lula (f)	կաղամար	[kaġamár]
esturjão (m)	թառափ	[tʰarápʰ]
salmão (m)	սաղման	[saġmán]
halibute (m)	վահանաձուկ	[vahanadzúk]
bacalhau (m)	ձողաձուկ	[dzoġadzúk]
cavala, sarda (f)	թյունիկ	[tʰjuník]

T&P Books. Vocabulário Português-Arménio - 5000 palavras

atum (m)	թյունու	[tʰjunnós]
enguia (f)	օձաձուկ	[odzadzúk]
truta (f)	իշխան	[išxán]
sardinha (f)	սարդինա	[sardína]
lúcio (m)	գայլաձուկ	[gajladzúk]
arenque (m)	ծովատառեխ	[tsovataréx]
pão (m)	հաց	[hatsʰ]
queijo (m)	պանիր	[panír]
açúcar (m)	շաքար	[šakʰár]
sal (m)	աղ	[aġ]
arroz (m)	բրինձ	[brindz]
massas (f pl)	մակարոն	[makarón]
talharim (m)	լապշա	[lapʰšá]
manteiga (f)	սերուցքային կարագ	[serutsʰkʰajín karág]
óleo (m) vegetal	բուսական յուղ	[busakán júġ]
óleo (m) de girassol	արևածաղկի ձեթ	[arevatsaġkí dzetʰ]
margarina (f)	մարգարին	[margarín]
azeitonas (f pl)	ձիթապտուղ	[zeytún]
azeite (m)	ձիթապտղի ձեթ	[dzitʰaptġí dzetʰ]
leite (m)	կաթ	[katʰ]
leite (m) condensado	խտացրած կաթ	[xtatsʰráts kátʰ]
iogurte (m)	յոգուրտ	[jogúrt]
nata (f) azeda	թթվասեր	[tʰtʰvasér]
nata (f) do leite	սերուցք	[serútsʰkʰ]
maionese (f)	մայոնեզ	[majonéz]
creme (m)	կրեմ	[krem]
grãos (m pl) de cereais	ձավար	[dzavár]
farinha (f)	ալյուր	[aljúr]
enlatados (m pl)	պահածոներ	[pahatsonér]
flocos (m pl) de milho	եգիպտացորենի փաթիլներ	[egiptatsʰorení pʰatʰilnér]
mel (m)	մեղր	[meġr]
doce (m)	ջեմ	[dʒem]
pastilha (f) elástica	մաստակ	[masták]

36. Bebidas

água (f)	ջուր	[dʒur]
água (f) potável	խմելու ջուր	[xmelú dʒur]
água (f) mineral	հանքային ջուր	[hankʰajín dʒúr]
sem gás	առանց գազի	[arántsʰ gazí]
gaseificada	գազավորված	[gazavorváts]
com gás	գազով	[gazóv]
gelo (m)	սառույց	[sarújtsʰ]
com gelo	սառույցով	[sarutsʰóv]

Português	Arménio	Transcrição
sem álcool	ոչ ալկոհոլային	[voč alkoholajín]
bebida (f) sem álcool	ոչ ալկոհոլային ըմպելիք	[voč alkoholajín əmpelíkʰ]
refresco (m)	զովացուցիչ ըմպելիք	[zovatsʰutsʰíč əmpelíkʰ]
limonada (f)	լիմոնադ	[limonád]
bebidas (f pl) alcoólicas	ալկոհոլային խմիչքներ	[alkoholajín χmičkʰnér]
vinho (m)	գինի	[giní]
vinho (m) branco	սպիտակ գինի	[spiták giní]
vinho (m) tinto	կարմիր գինի	[karmír giní]
licor (m)	լիկյոր	[likjor]
champanhe (m)	շամպայն	[šampájn]
vermute (m)	վերմուտ	[vórmut]
uísque (m)	վիսկի	[víski]
vodka (f)	օղի	[oġí]
gim (m)	ջին	[dʒin]
conhaque (m)	կոնյակ	[konják]
rum (m)	ռում	[rom]
café (m)	սուրճ	[surč]
café (m) puro	սև սուրճ	[sev surč]
café (m) com leite	կաթով սուրճ	[katʰóv súrč]
cappuccino (m)	սերուցքով սուրճ	[serutsʰkʰóv surč]
café (m) solúvel	լուծվող սուրճ	[lutsvóġ súrč]
leite (m)	կաթ	[katʰ]
coquetel (m)	կոկտեյլ	[koktéjl]
batido (m) de leite	կաթնային կոկտեյլ	[katʰnajín koktéjl]
sumo (m)	հյութ	[hjutʰ]
sumo (m) de tomate	տոմատի հյութ	[tomatí hjútʰ]
sumo (m) de laranja	նարնջի հյութ	[narndʒí hjutʰ]
sumo (m) fresco	թարմ քամված հյութ	[tʰarm kʰamváts hjutʰ]
cerveja (f)	գարեջուր	[garedʒúr]
cerveja (f) clara	բաց գարեջուր	[batsʰ garedʒúr]
cerveja (f) preta	մուգ գարեջուր	[múg garedʒúr]
chá (m)	թեյ	[tʰej]
chá (m) preto	սև թեյ	[sev tʰej]
chá (m) verde	կանաչ թեյ	[kanáč tʰej]

37. Vegetais

Português	Arménio	Transcrição
legumes (m pl)	բանջարեղեն	[bandʒareġén]
verduras (f pl)	կանաչի	[kanačí]
tomate (m)	լոլիկ	[lolík]
pepino (m)	վարունգ	[varúng]
cenoura (f)	գազար	[gazár]
batata (f)	կարտոֆիլ	[kartofíl]
cebola (f)	սոխ	[soχ]
alho (m)	սխտոր	[sχtor]

couve (f)	կաղամբ	[kaġámb]
couve-flor (f)	ծաղկակաղամբ	[tsaġkakaġámb]
couve-de-bruxelas (f)	բրյուսելյան կաղամբ	[brjuselján kaġámb]
brócolos (m pl)	կաղամբ բրոկոլի	[kaġámb brokóli]

beterraba (f)	բազուկ	[bazúk]
beringela (f)	սմբուկ	[smbuk]
curgete (f)	դդմիկ	[ddmik]
abóbora (f)	դդում	[ddum]
nabo (m)	շաղգամ	[šaġgám]

salsa (f)	մաղադանոս	[maġadanós]
funcho, endro (m)	սամիթ	[samítʰ]
alface (f)	սալաթ	[salátʰ]
aipo (m)	նեխուր	[neχúr]
espargo (m)	ծնեբեկ	[tsnebék]
espinafre (m)	սպինատ	[spinát]

ervilha (f)	սիսեռ	[sisér]
fava (f)	լոբի	[lobí]
milho (m)	եգիպտացորեն	[egiptatsʰorén]
feijão (m)	լոբի	[lobí]

pimentão (m)	պղպեղ	[pġpeġ]
rabanete (m)	բողկ	[boġk]
alcachofra (f)	արտիճուկ	[artičúk]

38. Frutos. Nozes

fruta (f)	միրգ	[mirg]
maçã (f)	խնձոր	[χndzor]
pera (f)	տանձ	[tandz]
limão (m)	կիտրոն	[kitrón]
laranja (f)	նարինջ	[naríndʒ]
morango (m)	ելակ	[elák]

tangerina (f)	մանդարին	[mandarín]
ameixa (f)	սալոր	[salór]
pêssego (m)	դեղձ	[deġdz]
damasco (m)	ծիրան	[tsirán]
framboesa (f)	մորի	[morí]
ananás (m)	արքայախնձոր	[arkʰajaχndzór]

banana (f)	բանան	[banán]
melancia (f)	ձմերուկ	[dzmerúk]
uva (f)	խաղող	[χaġóġ]
ginja (f)	բալ	[bal]
cereja (f)	կեռաս	[kerás]
meloa (f)	սեխ	[seχ]

toranja (f)	գրեյպֆրուտ	[grejpfrút]
abacate (m)	ավոկադո	[avokádo]
papaia (f)	պապայա	[papája]
manga (f)	մանգո	[mángo]

romã (f)	նուռ	[nur]
groselha (f) vermelha	կարմիր հաղարջ	[karmír haġárdʒ]
groselha (f) preta	սև հաղարջ	[sév haġárdʒ]
groselha (f) espinhosa	հաղարջ	[haġárdʒ]
mirtilo (m)	հապալաս	[hapalás]
amora silvestre (f)	մոշ	[moš]

uvas (f pl) passas	չամիչ	[čamíč]
figo (m)	թուզ	[tʰuz]
tâmara (f)	արմավ	[armáv]

amendoim (m)	գետնընկույզ	[getnənkújz]
amêndoa (f)	նուշ	[nuč]
noz (f)	ընկույզ	[ənkújz]
avelã (f)	պնդուկ	[pnduk]
coco (m)	կոկոսի ընկույզ	[kokósi ənkújz]
pistáchios (m pl)	պիստակ	[piståk]

39. Pão. Bolaria

pastelaria (f)	հրուշակեղեն	[hrušakeġén]
pão (m)	հաց	[hatsʰ]
bolacha (f)	թխվածքաբլիթ	[tʰχvatskʰablítʰ]

chocolate (m)	շոկոլադ	[šokolád]
de chocolate	շոկոլադե	[šokoladé]
rebuçado (m)	կոնֆետ	[konfét]
bolo (cupcake, etc.)	հրուշակ	[hrušák]
bolo (m) de aniversário	տորթ	[tortʰ]

| tarte (~ de maçã) | կարկանդակ | [karkandák] |
| recheio (m) | լցոն | [ltsʰon] |

doce (m)	մուրաբա	[murabá]
geleia (f) de frutas	մարմելադ	[marmelád]
waffle (m)	վաֆլի	[vaflí]
gelado (m)	պաղպաղակ	[paġpaġák]

40. Pratos cozinhados

prato (m)	ճաշատեսակ	[čašatesák]
cozinha (~ portuguesa)	խոհանոց	[χohanótsʰ]
receita (f)	բաղադրատոմս	[baġadratóms]
porção (f)	բաժին	[baʒín]

| salada (f) | աղցան | [aġtsʰán] |
| sopa (f) | ապուր | [apúr] |

caldo (m)	մսաջուր	[msadʒúr]
sandes (f)	բրդուճ	[brdučˊ]
ovos (m pl) estrelados	ձվածեղ	[dzvatségˊ]
hambúrguer (m)	համբուրգեր	[hamburgér]

bife (m)	բիֆշտեքս	[bifšték"s]
conduto (m)	գառնիր	[garnír]
espaguete (m)	սպագետի	[spagétti]
puré (m) de batata	կարտոֆիլի պյուրե	[kartofilí pjuré]
pizza (f)	պիցցա	[píts"a]
papa (f)	շիլա	[šilá]
omelete (f)	ձվածեղ	[dzvatség]
cozido em água	եփած	[ep"áts]
fumado	ապխտած	[apχtáts]
frito	տապակած	[tapakáts]
seco	չորացրած	[čorats"ráts]
congelado	սառեցված	[sarets"váts]
em conserva	մարինեցված	[marinats"váts]
doce (açucarado)	քաղցր	[k"aġts"r]
salgado	աղի	[aġí]
frio	սառը	[sárə]
quente	տաք	[tak"]
amargo	դառը	[dárə]
gostoso	համեղ	[haméġ]
cozinhar (em água a ferver)	եփել	[ep"él]
fazer, preparar (vt)	պատրաստել	[patrastél]
fritar (vt)	տապակել	[tapakél]
aquecer (vt)	տաքացնել	[tak"ats"nél]
salgar (vt)	աղ անել	[aġ anél]
apimentar (vt)	պղպեղ անել	[pġpéġ anél]
ralar (vt)	քերել	[k"erél]
casca (f)	կլեպ	[klep]
descascar (vt)	կլպել	[klpel]

41. Especiarias

sal (m)	աղ	[aġ]
salgado	աղի	[aġí]
salgar (vt)	աղ անել	[aġ anél]
pimenta (f) preta	սև պղպեղ	[sev pġpéġ]
pimenta (f) vermelha	կարմիր պղպեղ	[karmír pġpéġ]
mostarda (f)	մանանեխ	[mananéχ]
raiz-forte (f)	ծովաբողկ	[tsovabóġk]
condimento (m)	համեմունք	[hamemúnk"]
especiaria (f)	համեմունք	[hamemúnk"]
molho (m)	սոուս	[soús]
vinagre (m)	քացախ	[k"ats"áχ]
anis (m)	անիսոն	[anisón]
manjericão (m)	ռեհան	[rehán]
cravo (m)	մեխակ	[meχák]
gengibre (m)	իմբիր	[imbír]
coentro (m)	գինձ	[gindz]

canela (f)	դարչին	[darčín]
sésamo (m)	քնջութ	[kʰnʤutʰ]
folhas (f pl) de louro	դափնու տերև	[dapʰnú terév]
páprica (f)	պապրիկա	[páprika]
cominho (m)	չաման	[čamán]
açafrão (m)	շաֆրան	[šafrán]

42. Refeições

comida (f)	կերակուր	[kerakúr]
comer (vt)	ուտել	[utól]

pequeno-almoço (m)	նախաճաշ	[naχačáš]
tomar o pequeno-almoço	նախաճաշել	[naχačašél]
almoço (m)	ճաշ	[čaš]
almoçar (vi)	ճաշել	[čašél]
jantar (m)	ընթրիք	[əntʰríkʰ]
jantar (vi)	ընթրել	[əntʰrél]

apetite (m)	ախորժակ	[aχorʒák]
Bom apetite!	Բարի ախորժա՛կ	[barí aχorʒák]

abrir (~ uma lata, etc.)	բացել	[batsʰél]
derramar (vt)	թափել	[tʰapʰél]
derramar-se (vr)	թափվել	[tʰapʰvél]
ferver (vi)	եռալ	[erál]
ferver (vt)	եռացնել	[eratsʰnél]
fervido	եռացրած	[eratsʰráts]
arrefecer (vt)	սառեցնել	[saretsʰnél]
arrefecer-se (vr)	սառեցվել	[saretsʰvél]

sabor, gosto (m)	համ	[ham]
gostinho (m)	կողմնակի համ	[koġmnakí ham]

fazer dieta	նիհարել	[niharél]
dieta (f)	սննդակարգ	[snndakárg]
vitamina (f)	վիտամին	[vitamín]
caloria (f)	կալորիա	[kalória]
vegetariano (m)	բուսակեր	[busakér]
vegetariano	բուսակերական	[busakerakán]

gorduras (f pl)	ճարպեր	[čarpér]
proteínas (f pl)	սպիտակուցներ	[spitakutsʰnér]
carboidratos (m pl)	ածխաջրեր	[atsχadʒrér]
fatia (~ de limão, etc.)	պատառ	[patár]
pedaço (~ de bolo)	կտոր	[ktor]
migalha (f)	փշուր	[pʰšur]

43. Por a mesa

colher (f)	գդալ	[gdal]
faca (f)	դանակ	[danák]

T&P Books. Vocabulário Português-Arménio - 5000 palavras

garfo (m)	պատառաքաղ	[patarakʰáġ]
chávena (f)	բաժակ	[baʒák]
prato (m)	ափսե	[apʰsé]
pires (m)	պնակ	[pnak]
guardanapo (m)	անձեռոցիկ	[andzerotsʰík]
palito (m)	ատամնափորիչ	[atamnapʰoríč]

44. Restaurante

restaurante (m)	ռեստորան	[restorán]
café (m)	սրճարան	[srčarán]
bar (m), cervejaria (f)	բար	[bar]
salão (m) de chá	թեյարան	[tʰejarán]

empregado (m) de mesa	մատուցող	[matutsʰóġ]
empregada (f) de mesa	մատուցողուհի	[matutsʰoġuhí]
barman (m)	բարմեն	[barmén]

ementa (f)	մենյու	[menjú]
lista (f) de vinhos	գինիների գրացանկ	[ginineri gratsʰánk]
reservar uma mesa	սեղան պատվիրել	[seġán patvirél]

prato (m)	ուտեստ	[utést]
pedir (vt)	պատվիրել	[patvirél]
fazer o pedido	պատվեր կատարել	[patvér katarél]

aperitivo (m)	ապերիտիվ	[aperitív]
entrada (f)	խորտիկ	[xortík]
sobremesa (f)	աղանդեր	[aġandér]

conta (f)	հաշիվ	[hašív]
pagar a conta	հաշիվը վճակել	[hašívə pʰakél]
dar o troco	մնացորդ վերադարձնել	[mánrə veradartsnél]
gorjeta (f)	թեյավճար	[tʰejapʰóġ]

Família, parentes e amigos

45. Informação pessoal. Formulários

nome (m)	անուն	[anún]
apelido (m)	ազգանուն	[azganún]
data (f) de nascimento	ծննդյան ամսաթիվ	[tsnndján amsatʰív]
local (m) de nascimento	ծննդավայր	[tsnndavájr]
nacionalidade (f)	ազգություն	[azgutʰjún]
lugar (m) de residência	բնակության վայրը	[bnakutʰján vájrə]
país (m)	երկիր	[erkír]
profissão (f)	մասնագիտություն	[masnagitʰjún]
sexo (m)	սեռ	[ser]
estatura (f)	հասակ	[hasák]
peso (m)	քաշ	[kʰaš]

46. Membros da família. Parentes

mãe (f)	մայր	[majr]
pai (m)	հայր	[hajr]
filho (m)	որդի	[vordí]
filha (f)	դուստր	[dustr]
filha (f) mais nova	կրտսեր դուստր	[krtsér dústr]
filho (m) mais novo	կրտսեր որդի	[krtsér vordí]
filha (f) mais velha	ավագ դուստր	[avág dústr]
filho (m) mais velho	ավագ որդի	[avág vordí]
irmão (m)	եղբայր	[eġbájr]
irmã (f)	քույր	[kʰujr]
mamã (f)	մայրիկ	[majrík]
papá (m)	հայրիկ	[hajrík]
pais (pl)	ծնողներ	[tsnoġnér]
criança (f)	երեխա	[ereχá]
crianças (f pl)	երեխաներ	[ereχanér]
avó (f)	տատիկ	[tatík]
avô (m)	պապիկ	[papík]
neto (m)	թոռ	[tʰor]
neta (f)	թոռնուհի	[tʰornuhí]
netos (pl)	թոռներ	[tʰornér]
sobrinho (m)	քրոջորդի, քրոջ աղջիկ	[kʰrodʒordí], [kʰrodʒ aġdʒík]
sobrinha (f)	եղբորորդի, եղբոր աղջիկ	[eġborordí, eġbór aġdʒík]
sogra (f)	զոքանչ	[zokʰánč]

T&P Books. Vocabulário Português-Arménio - 5000 palavras

sogro (m)	սկեսրայր	[skesrájr]
genro (m)	փեսա	[pʰesá]
madrasta (f)	խորթ մայր	[xortʰ majr]
padrasto (m)	խորթ հայր	[xortʰ hajr]
criança (f) de colo	ծծկեր երեխա	[tstskér ereχá]
bebé (m)	մանուկ	[manúk]
menino (m)	պստիկ	[pstik]
mulher (f)	կին	[kin]
marido (m)	ամուսին	[amusín]
esposo (m)	ամուսին	[amusín]
esposa (f)	կին	[kin]
casado	ամուսնացած	[amusnatsʰáts]
casada	ամուսնացած	[amusnatsʰáts]
solteiro	ամուրի	[amurí]
solteirão (m)	ամուրի	[amurí]
divorciado	ամուսնալուծված	[amusnalutsváts]
viúva (f)	այրի կին	[ajrí kin]
viúvo (m)	այրի տղամարդ	[ajrí tgamárd]
parente (m)	ազգական	[azgakán]
parente (m) próximo	մերձավոր ազգական	[merdzavór azgakán]
parente (m) distante	հեռավոր ազգական	[heravór azgakán]
parentes (m pl)	հարազատներ	[harazatnér]
órfão (m), órfã (f)	որբ	[vorb]
tutor (m)	խնամակալ	[χnamakál]
adotar (um filho)	որդեգրել	[vordegrél]
adotar (uma filha)	որդեգրել	[vordegrél]

Medicina

47. Doenças

doença (f)	հիվանդություն	[hivanduthjún]
estar doente	հիվանդ լինել	[hivánd linél]
saúde (f)	առողջություն	[aroǵdʒuthjún]
nariz (m) a escorrer	հարբուխ	[harbúχ]
amigdalite (f)	անգինա	[angína]
constipação (f)	մրսածություն	[mrsatsuthjún]
constipar-se (vr)	մրսել	[mrsel]
bronquite (f)	բրոնխիտ	[bronχít]
pneumonia (f)	թոքերի բորբոքում	[thokherí borbokhúm]
gripe (f)	գրիպ	[grip]
míope	կարճատես	[karčatés]
presbita	հեռատես	[herahós]
estrabismo (m)	շլություն	[šluthjún]
estrábico	շլաչք	[šlačkh]
catarata (f)	կատարակտա	[katarákta]
glaucoma (m)	գլաուկոմա	[glaukóma]
AVC (m), apoplexia (f)	ուղեղի կաթված	[uǵeǵí kathváts]
ataque (m) cardíaco	ինֆարկտ	[infárkt]
enfarte (m) do miocárdio	սրտամկանի կաթված	[srtamkaní kathváts]
paralisia (f)	կաթված	[kathváts]
paralisar (vt)	կաթվածել	[kathvatsél]
alergia (f)	ալերգիա	[alergía]
asma (f)	աստմա	[asthmá]
diabetes (f)	շաքարախտ	[šakharáχt]
dor (f) de dentes	ատամնացավ	[atamnatsháv]
cárie (f)	կարիես	[karíes]
diarreia (f)	լույծ	[lujts]
prisão (f) de ventre	փորկապություն	[phorkaputhjún]
desarranjo (m) intestinal	ստամոքսի խանգարում	[stamokhsí χangarúm]
intoxicação (f) alimentar	թունավորում	[thunavorúm]
intoxicar-se	թունավորվել	[thunavorvél]
artrite (f)	հոդի բորբոքում	[hodí borbokhúm]
raquitismo (m)	ռախիտ	[raχít]
reumatismo (m)	հոդացավ	[hodatsháv]
arteriosclerose (f)	աթերոսկլերոզ	[atheroskleróz]
gastrite (f)	գաստրիտ	[gastrít]
apendicite (f)	ապենդիցիտ	[apenditshít]

T&P Books. Vocabulário Português-Arménio - 5000 palavras

| colecistite (f) | խոլեցիստիտ | [χolets^histít] |
| úlcera (f) | խոց | [χots^h] |

sarampo (m)	կարմրուկ	[karmrúk]
rubéola (f)	կարմրախտ	[karmráχt]
iterícia (f)	դեղնախտ	[deǵnáχ]
hepatite (f)	հեպատիտ	[hepatít]

esquizofrenia (f)	շիզոֆրենիա	[šizofrenía]
raiva (f)	կատաղություն	[kataǵut^hjún]
neurose (f)	նեվրոզ	[nevróz]
comoção (f) cerebral	ուղեղի ցնցում	[uǵeǵí ts^hnts^húm]

cancro (m)	քաղցկեղ	[k^haǵtskéǵ]
esclerose (f)	կարծրախտ	[kartsráχt]
esclerose (f) múltipla	ցրված կարծրախտ	[ts^hrváts kartsráχt]

alcoolismo (m)	հարբեցողություն	[harbets^hoǵut^hjún]
alcoólico (m)	հարբեցող	[harbets^hóǵ]
sífilis (f)	սիֆիլիս	[sifilís]
SIDA (f)	ՁԻԱՀ	[dziáh]

tumor (m)	ուռուցք	[urúts^hk^h]
maligno	չարորակ	[čarorák]
benigno	բարորակ	[barorák]

febre (f)	տենդ	[tend]
malária (f)	մալարիա	[malaría]
gangrena (f)	փտախտ	[p^htaχt]
enjoo (m)	ծովային հիվանդություն	[tsovajín hivandut^hjún]
epilepsia (f)	ընկնավորություն	[ənknavorut^hjún]

epidemia (f)	համաճարակ	[hamačarák]
tifo (m)	տիֆ	[tif]
tuberculose (f)	պալարախտ	[palaráχt]
cólera (f)	խոլերա	[χoléra]
peste (f)	ժանտախտ	[ʒantáχt]

48. Sintomas. Tratamentos. Parte 1

sintoma (m)	նախանշան	[naχanšán]
temperatura (f)	ջերմաստիճան	[dʒermastičán]
febre (f)	բարձր ջերմաստիճան	[bárdzr dʒermastičán]
pulso (m)	զարկերակ	[zarkerák]

vertigem (f)	գլխապտույտ	[glχaptújt]
quente (testa, etc.)	տաք	[tak^h]
calafrio (m)	դողերոցք	[doǵeróts^hk^h]
pálido	գունատ	[gunát]

tosse (f)	հազ	[haz]
tossir (vi)	հազալ	[hazál]
espirrar (vi)	փշտալ	[p^hrštal]
desmaio (m)	ուշագնացություն	[ušaǵnats^hut^hjún]

46

desmaiar (vi)	ուշագնալ լինել	[ušagnátsʰ linél]
nódoa (f) negra	կապտուկ	[kaptúk]
galo (m)	ուռուցք	[urútsʰkʰ]
magoar-se (vr)	խփվել	[χpʰvel]
pisadura (f)	վնասվածք	[vnasvátskʰ]
aleijar-se (vr)	վնասվածք ստանալ	[vnasvátskʰ stanál]

coxear (vi)	կաղալ	[kaġál]
deslocação (f)	հոդախախտում	[hodaχaχtúm]
deslocar (vt)	հոդախախտել	[hodaχaχtél]
fratura (f)	կոտրվածք	[kotrvátskʰ]
fraturar (vt)	կոտրվածք ստանալ	[kotrvátskʰ stanál]

corte (m)	կտրված վերք	[ktrvats verkʰ]
cortar-se (vr)	կտրել	[ktrel]
hemorragia (f)	արյունահոսություն	[arjunahosutʰjún]

| queimadura (f) | այրվածք | [ajrvátskʰ] |
| queimar-se (vr) | այրվել | [ajrvél] |

picar (vt)	ծակել	[tsakél]
picar-se (vr)	ծակել	[tsakél]
lesionar (vt)	վնասել	[vnasél]
lesão (m)	վնասվածք	[vnasvátskʰ]
ferida (f), ferimento (m)	վերք	[verkʰ]
trauma (m)	վնասվածք	[vnasvátskʰ]

delirar (vi)	զառանցել	[zarantsʰél]
gaguejar (vi)	կակազել	[kakazél]
insolação (f)	արևահարություն	[arevaharutʰjún]

49. Sintomas. Tratamentos. Parte 2

| dor (f) | ցավ | [tsʰav] |
| farpa (no dedo) | փուշ | [pʰuš] |

suor (m)	քրտինք	[krtinkʰ]
suar (vi)	քրտնել	[kʰrtnel]
vómito (m)	փսխում	[pʰsχum]
convulsões (f pl)	ջղաձգություն	[dʒġadzgutʰjún]

grávida	հղի	[hġi]
nascer (vi)	ծնվել	[tsnvel]
parto (m)	ծննդաբերություն	[tsnndaberutʰjún]
dar à luz	ծննդաբերել	[tsnndaberél]
aborto (m)	աբորտ	[abórt]

respiração (f)	շնչառություն	[šnčarutʰjún]
inspiração (f)	ներշնչում	[neršnčúm]
expiração (f)	արտաշնչում	[artašnčúm]
expirar (vi)	արտաշնչել	[artašnčél]
inspirar (vi)	շնչել	[šnčel]
inválido (m)	հաշմանդամ	[hašmandám]
aleijado (m)	խեղանդամ	[χeġandám]

T&P Books. Vocabulário Português-Arménio - 5000 palavras

toxicodependente (m)	թմրամոլ	[tʰmramól]
surdo	խուլ	[xul]
mudo	համր	[hamr]
surdo-mudo	խուլ ու համր	[xúl u hámr]

louco (adj.)	խենթ	[xentʰ]
ficar louco	խենթանալ	[xentʰanál]

gene (m)	գեն	[gen]
imunidade (f)	իմունիտետ	[imunitét]
hereditário	ժառանգական	[ʒarangakán]
congénito	բնածին	[bnatsín]

vírus (m)	վարակ	[varák]
micróbio (m)	մանրէ	[manré]
bactéria (f)	բակտերիա	[baktéria]
infeção (f)	վարակ	[varák]

50. Sintomas. Tratamentos. Parte 3

hospital (m)	հիվանդանոց	[hivandanótsʰ]
paciente (m)	հիվանդ	[hivánd]

diagnóstico (m)	ախտորոշում	[aġtorošúm]
cura (f)	կազդուրում	[kazdurúm]
tratamento (m) médico	բուժում	[buʒúm]
curar-se (vr)	բուժվել	[buʒvél]
tratar (vt)	բուժել	[buʒél]
cuidar (pessoa)	խնամել	[xnamél]
cuidados (m pl)	խնամք	[xnamkʰ]

operação (f)	վիրահատություն	[virahatutʰjún]
enfaixar (vt)	վիրակապել	[virakapél]
enfaixamento (m)	վիրակապում	[virakapúm]

vacinação (f)	պատվաստում	[patvastúm]
vacinar (vt)	պատվաստում անել	[patvastúm anél]
injeção (f)	ներարկում	[nerarkúm]
dar uma injeção	ներարկել	[nerarkél]

ataque (~ de asma, etc.)	նոպա	[nópa]
amputação (f)	անդամահատություն	[andamahatutʰjún]
amputar (vt)	անդամահատել	[andamahatél]
coma (f)	կոմա	[kóma]
estar em coma	կոմայի մեջ գտնվել	[komají médʒ ənknél]
reanimação (f)	վերակենդանացում	[verakendanatsʰúm]

recuperar-se (vr)	ապաքինվել	[apakʰinvél]
estado (~ de saúde)	վիճակ	[vičák]
consciência (f)	գիտակցություն	[gitaktsʰutʰjún]
memória (f)	հիշողություն	[hišoġutʰjún]

tirar (vt)	հեռացնել	[heratsʰnél]
chumbo (m), obturação (f)	պլոմբ	[plomb]

48

T&P Books. Vocabulário Português-Arménio - 5000 palavras

chumbar, obturar (vt)	ատամը լցնել	[atámə ltsʰnél]
hipnose (f)	հիպնոս	[hipnós]
hipnotizar (vt)	հիպնոսացնել	[hipnosatsʰnél]

51. Médicos

médico (m)	բժիշկ	[bʒíšk]
enfermeira (f)	բուժքույր	[buʒkʰújr]
médico (m) pessoal	անձնական բժիշկ	[andznakán bʒíšk]

dentista (m)	ատամնաբույժ	[atamnabújʒ]
oculista (m)	ակնաբույժ	[aknabújʒ]
terapeuta (m)	թերապևտ	[tʰerapévt]
cirurgião (m)	վիրաբույժ	[virabújʒ]

psiquiatra (m)	հոգեբույժ	[hogebújʒ]
pediatra (m)	մանկաբույժ	[mankabújʒ]
psicólogo (m)	հոբեբան	[hokʰebán]
ginecologista (m)	գինեկոլոգ	[ginekólog]
cardiologista (m)	սրտաբան	[srtabán]

52. Medicina. Drogas. Acessórios

medicamento (m)	դեղ	[déġ]
remédio (m)	դեղամիջոց	[deġamidʒótsʰ]
receitar (vt)	դուրս գրել	[durs grél]
receita (f)	դեղատոմս	[deġatóms]

comprimido (m)	հաբ	[hab]
pomada (f)	քսուք	[ksukʰ]
ampola (f)	ամպուլ	[ampúl]
preparado (m)	հեղուկ դեղախառնուրդ	[heġúk deχaġarnúrd]
xarope (m)	օշարակ	[ošarák]
cápsula (f)	հաբ	[hab]
remédio (m) em pó	փոշի	[pʰoší]

ligadura (f)	վիրակապ ժապավեն	[virakáp ʒapavén]
algodão (m)	բամբակ	[bambák]
iodo (m)	յոդ	[jod]
penso (m) rápido	սպեղանի	[speġaní]
conta-gotas (m)	պիպետկա	[pipétka]
termómetro (m)	ջերմաչափ	[dʒermačápʰ]
seringa (f)	ներարկիչ	[nerarkíč]

cadeira (f) de rodas	սայլակ	[sajlák]
muletas (f pl)	հենակներ	[henaknér]

analgésico (m)	ցավազրկող	[tsʰavazrkóġ]
laxante (m)	լուծողական	[lutsoġakán]
álcool (m) etílico	սպիրտ	[spirt]
ervas (f pl) medicinais	խոտաբույս	[χotabújs]
de ervas (chá ~)	խոտաբուսային	[χotabusajín]

49

HABITAT HUMANO

Cidade

53. Cidade. Vida na cidade

cidade (f)	քաղաք	[kaġákʰ]
capital (f)	մայրաքաղաք	[majrakaġákʰ]
aldeia (f)	գյուղ	[gjuġ]
mapa (m) da cidade	քաղաքի հատակագիծ	[kʰaġakʰí hatakagíts]
centro (m) da cidade	քաղաքի կենտրոն	[kʰaġakʰí kentrón]
subúrbio (m)	արվարձան	[arvardzán]
suburbano	մերձքաղաքային	[merdzkʰaġakʰajín]
periferia (f)	ծայրամաս	[tsajramás]
arredores (m pl)	շրջակայք	[šrdʒakájkʰ]
quarteirão (m)	թաղամաս	[tʰaġamás]
quarteirão (m) residencial	բնակելի թաղամաս	[bnakelí tʰaġamás]
tráfego (m)	երթևեկություն	[ertʰevekutʰjún]
semáforo (m)	լուսակիր	[lusakír]
transporte (m) público	քաղաքային տրանսպորտ	[kʰaġakʰajín transpórt]
cruzamento (m)	խաչմերուկ	[χačmerúk]
passadeira (f)	անցում	[antsʰúm]
passagem (f) subterrânea	գետնանցում	[getnantsʰúm]
cruzar, atravessar (vt)	անցնել	[antsʰnél]
peão (m)	հետիոտն	[hetiótn]
passeio (m)	մայթ	[majtʰ]
ponte (f)	կամուրջ	[kamúrdʒ]
margem (f) do rio	արափնյա փողոց	[arapʰnjá pʰoġótsʰ]
fonte (f)	շատրվան	[šatrván]
alameda (f)	ծառուղի	[tsaruġí]
parque (m)	զբոսայգի	[zbosajgí]
bulevar (m)	բուլվար	[bulvár]
praça (f)	հրապարակ	[hraparák]
avenida (f)	պողոտա	[poġóta]
rua (f)	փողոց	[pʰoġótsʰ]
travessa (f)	նրբանցք	[nrbantsʰkʰ]
beco (m) sem saída	փակուղի	[pʰakuġí]
casa (f)	տուն	[tun]
edifício, prédio (m)	շենք	[šenkʰ]
arranha-céus (m)	երկնաքեր	[erknakʰér]
fachada (f)	ճակատամաս	[čakatamás]
telhado (m)	տանիք	[taníkʰ]

janela (f)	պատուհան	[patuhán]
arco (m)	կամար	[kamár]
coluna (f)	սյուն	[sjun]
esquina (f)	անկյուն	[ankjún]
montra (f)	ցուցափեղկ	[tsʰutsʰapʰéǵk]
letreiro (m)	ցուցանակ	[tsʰutsʰanák]
cartaz (m)	ազդագիր	[azdagír]
cartaz (m) publicitário	գովազդային ձգապաստառ	[govazdajín dzgapastár]
painel (m) publicitário	գովազդային վահանակ	[govazdajín vahanák]
lixo (m)	աղբ	[aǵb]
cesta (f) do lixo	աղբաման	[aǵbamán]
jogar lixo na rua	աղբոտել	[aǵbotél]
aterro (m) sanitário	աղբավայր	[aǵbavájr]
cabine (f) telefónica	հեռախոսախցիկ	[heraχosaχtsʰík]
candeeiro (m) de rua	լապտերասյուն	[lapterasjún]
banco (m)	նստարան	[nstarán]
polícia (m)	ոստիկան	[vostikán]
polícia (instituição)	ոստիկանություն	[vostikanutʰjún]
mendigo (m)	մուրացկան	[muratsʰkán]
sem-abrigo (m)	անօթևան մարդ	[anotʰeván márd]

54. Instituições urbanas

loja (f)	խանութ	[χanútʰ]
farmácia (f)	դեղատուն	[deǵatún]
ótica (f)	օպտիկա	[óptika]
centro (m) comercial	առևտրի կենտրոն	[arevtrí kentrón]
supermercado (m)	սուպերմարքեթ	[supermarkʰétʰ]
padaria (f)	հացաբուլկեղենի խանութ	[hatsʰabulkeǵení χanútʰ]
padeiro (m)	հացթուխ	[hatsʰtʰúχ]
pastelaria (f)	հրուշակեղենի խանութ	[hrušakeǵení χanútʰ]
mercearia (f)	նպարեղենի խանութ	[npareǵení χanútʰ]
talho (m)	մսի խանութ	[msi χanútʰ]
loja (f) de legumes	բանջարեղենի կրպակ	[bandʒareǵení krpák]
mercado (m)	շուկա	[šuká]
café (m)	սրճարան	[srčarán]
restaurante (m)	ռեստորան	[restorán]
bar (m), cervejaria (f)	գարեջրատուն	[garedʒratún]
pizzaria (f)	պիցցերիա	[pitsʰería]
salão (m) de cabeleireiro	վարսավիրանոց	[varsaviranótsʰ]
correios (m pl)	փոստ	[pʰost]
lavandaria (f)	քիմմաքրման կետ	[kʰimmakʰrmán két]
estúdio (m) fotográfico	ֆոտոսրահ	[fotosráh]
sapataria (f)	կոշիկի սրահ	[košikí sráh]
livraria (f)	գրախանութ	[graχanútʰ]

51

loja (f) de artigos de desporto | սպորտային խանութ | [sportajín xanútʰ]
reparação (f) de roupa | հագուստի վերանորոգում | [hagustí veranorogúm]
aluguer (m) de roupa | հագուստի վարձույթ | [hagustí vardzújtʰ]
aluguer (m) de filmes | տեսաֆիլմերի վարձույթ | [tesafilmerí vardzújtʰ]

circo (m) | կրկես | [krkes]
jardim (m) zoológico | կենդանաբանական այգի | [kendanabanakán ajgí]
cinema (m) | կինոթատրոն | [kinotʰatrón]
museu (m) | թանգարան | [tʰangarán]
biblioteca (f) | գրադարան | [gradarán]

teatro (m) | թատրոն | [tʰatrón]
ópera (f) | օպերա | [operá]
clube (m) noturno | գիշերային ակումբ | [gišerajín akúmb]
casino (m) | խաղատուն | [xaġatún]

mesquita (f) | մզկիթ | [mzkitʰ]
sinagoga (f) | սինագոգ | [sinagóg]
catedral (f) | տաճար | [tačár]
templo (m) | տաճար | [tačár]
igreja (f) | եկեղեցի | [ekeġetsʰí]

instituto (m) | ինստիտուտ | [institút]
universidade (f) | համալսարան | [hamalsarán]
escola (f) | դպրոց | [dprotsʰ]

prefeitura (f) | ոստիկանապետություն | [vostikanapetutʰjún]
câmara (f) municipal | քաղաքապետարան | [kʰaġakapetarán]
hotel (m) | հյուրանոց | [hjuranótsʰ]
banco (m) | բանկ | [bank]

embaixada (f) | դեսպանատուն | [despanatún]
agência (f) de viagens | տուրիստական գործակալություն | [turistakán gortsakalutʰjún]
agência (f) de informações | տեղեկատվական բյուրո | [teġekatvakán bjuró]
casa (f) de câmbio | փոխանակման կետ | [pʰoxanakmán két]

metro (m) | մետրո | [metró]
hospital (m) | հիվանդանոց | [hivandanótsʰ]

posto (m) de gasolina | բենզալցակայան | [benzaltsʰakaján]
parque (m) de estacionamento | ավտոկայան | [avtokaján]

55. Sinais

letreiro (m) | ցուցանակ | [tsʰutsʰanák]
inscrição (f) | ցուցագիր | [tsʰutsʰagír]
cartaz, póster (m) | ձգապաստառ | [dzgapastár]
sinal (m) informativo | ուղեցույց | [uġetsʰújtsʰ]
seta (f) | սլաք | [slakʰ]

aviso (advertência) | նախազգուշացում | [naxazgušatsʰúm]
sinal (m) de aviso | զգուշացում | [zgušatsʰúm]
avisar, advertir (vt) | զգուշացնել | [zgušatsʰnél]

dia (m) de folga	հանգստյան օր	[hangstján ór]
horário (m)	ժամանակացույց	[ʒamanakatsʰújtsʰ]
horário (m) de funcionamento	աշխատանքային ժամեր	[ašχatankʰajín ʒamér]
BEM-VINDOS!	ԲԱՐԻ ԳԱԼՈՒՍՏ	[barí galúst!]
ENTRADA	ՄՈՒՏՔ	[mutkʰ]
SAÍDA	ԵԼՔ	[elkʰ]
EMPURRE	ԴԵՊԻ ԴՈՒՐՍ	[depí durs]
PUXE	ԴԵՊԻ ՆԵՐՍ	[dépi ners]
ABERTO	ԲԱՑ Է	[batsʰ ē]
FECHADO	ՓԱԿ Է	[pʰak ē]
MULHER	ԿԱՆԱՆՑ ՀԱՄԱՐ	[kanántsʰ hamár]
HOMEM	ՏՂԱՄԱՐԴԿԱՆՑ ՀԱՄԱՐ	[tġamardkántsʰ hamár]
DESCONTOS	ԶԵՂՉԵՐ	[zeġčér]
SALDOS	Ի ՍՊԱՌ ՎԱՃԱՌՔ	[i spar vačárkʰ]
NOVIDADE!	ՆՈՐՈՒԹՅՈՒՆ	[norújtʰ!]
GRÁTIS	ԱՆՎՃԱՐ	[anvčár]
ATENÇÃO!	ՈՒՇԱԴՐՈՒԹՅՈՒՆ	[ušadrutʰjún!]
NÃO HÁ VAGAS	ՏԵՂԵՐ ՉԿԱՆ	[teġér čkan]
RESERVADO	ՊԱՏՎԻՐՎԱԾ Է	[patvirváts ē]
ADMINISTRAÇÃO	ԱԴՄԻՆԻՍՏՐԱՑԻԱ	[administrátsʰia]
SOMENTE PESSOAL AUTORIZADO	ՄԻԱՅՆ ԱՇԽԱՏԱԿԻՑՆԵՐԻ ՀԱՄԱՐ	[miájn ašχatakitsʰnerí hamár]
CUIDADO CÃO FEROZ	ԿԱՏԱՂԻ ՇՈՒՆ	[kataġí šun]
PROIBIDO FUMAR!	ՉԾԽԵԼ	[čtsχél!]
NÃO TOCAR	ՁԵՌՔ ՉՏԱԼ	[dzerkʰ čtal]
PERIGOSO	ՎՏԱՆԳԱՎՈՐ Է	[vtangavór ē]
PERIGO	ՎՏԱՆԳԱՎՈՐ Է	[vtangavór ē]
ALTA TENSÃO	ԲԱՐՁՐ ԼԱՐՈՒՄ	[bárdzr larúm]
PROIBIDO NADAR	ԼՈՂԱԼՆ ԱՐԳԵԼՎՈՒՄ Է	[loġáln argelvúm ē]
AVARIADO	ՉԻ ԱՇԽԱՏՈՒՄ	[či ašχatúm]
INFLAMÁVEL	ՀՐԱՎՏԱՆԳԱՎՈՐ Է	[hravtangavór ē]
PROIBIDO	ԱՐԳԵԼՎԱԾ Է	[argelváts ē]
ENTRADA PROIBIDA	ԱՆՑՆԵԼՆ ԱՐԳԵԼՎԱԾ Է	[antsʰnéln argelváts ē]
CUIDADO TINTA FRESCA	ՆԵՐԿՎԱԾ Է	[nerkváts ē]

56. Transportes urbanos

autocarro (m)	ավտոբուս	[avtobús]
elétrico (m)	տրամվայ	[tramváj]
troleicarro (m)	տրոլեյբուս	[trolejbús]
itinerário (m)	ուղի	[uġí]
número (m)	համար	[hamár]
ir de ... (carro, etc.)	... ով գնալ	[... ov gnal]
entrar (~ no autocarro)	նստել	[nstel]

T&P Books. Vocabulário Português-Arménio - 5000 palavras

descer de ...	իջնել	[idʒnél]
paragem (f)	կանգառ	[kangár]
próxima paragem (f)	հաջորդ կանգառ	[hadʒórd kangár]
ponto (m) final	վերջին կանգառ	[verdʒín kangár]
horário (m)	ժամանակացույց	[ʒamanakatsʰújtsʰ]
esperar (vt)	սպասել	[spasél]

| bilhete (m) | տոմս | [toms] |
| custo (m) do bilhete | տոմսի արժեքը | [tomsí arʒékʰə] |

bilheteiro (m)	տոմսավաճառ	[tomsavačár]
controlo (m) dos bilhetes	ստուգում	[stugúm]
revisor (m)	հսկիչ	[hskič]

atrasar-se (vr)	ուշանալ	[ušanál]
perder (o autocarro, etc.)	ուշանալ ... ից	[ušanál ... ítsʰ]
estar com pressa	շտապել	[štapél]

táxi (m)	տաքսի	[taksí]
taxista (m)	տաքսու վարորդ	[taksú varórd]
de táxi (ir ~)	տաքսիով	[taksióv]
praça (f) de táxis	տաքսիների կայան	[taksinerí kaján]
chamar um táxi	տաքսի կանչել	[taksí kančél]
apanhar um táxi	տաքսի վերցնել	[taksí vertsʰnél]

tráfego (m)	ճանապարհային երթևեկություն	[čanaparhajín ertʰevekutʰjún]
engarrafamento (m)	խցանում	[x̣tsʰhanúm]
horas (f pl) de ponta	պիկ ժամ	[pík ʒám]
estacionar (vi)	կանգնեցնել	[kangnetsʰnél]
estacionar (vt)	կանգնեցնել	[kangnetsʰnél]
parque (m) de estacionamento	ավտոկայան	[avtokaján]

metro (m)	մետրո	[metró]
estação (f)	կայարան	[kajarán]
ir de metro	մետրոյով գնալ	[metrojóv gnal]
comboio (m)	գնացք	[gnatsʰkʰ]
estação (f)	կայարան	[kajarán]

57. Turismo

monumento (m)	արձան	[ardzán]
fortaleza (f)	ամրոց	[amrótsʰ]
palácio (m)	պալատ	[palát]
castelo (m)	դղյակ	[dġjak]
torre (f)	աշտարակ	[aštarák]
mausoléu (m)	դամբարան	[dambarán]

arquitetura (f)	ճարտարապետություն	[čartarapetutʰjún]
medieval	միջնադարյան	[midʒnadarján]
antigo	հինավուրց	[hinavúrtsʰ]
nacional	ազգային	[azgajín]
conhecido	հայտնի	[hajtní]
turista (m)	զբոսաշրջիկ	[zbosašrdʒík]

54

guia (pessoa)	գիդ	[gid]
excursão (f)	էքսկուրսիա	[ēkʰskúrsia]
mostrar (vt)	ցույց տալ	[tsʰújtsʰ tal]
contar (vt)	պատմել	[patmél]

encontrar (vt)	գտնել	[gtnel]
perder-se (vr)	կորել	[korél]
mapa (~ do metrô)	սխեմա	[sχéma]
mapa (~ da cidade)	քարտեզ	[kʰartéz]

lembrança (f), presente (m)	հուշանվեր	[hušanvér]
loja (f) de presentes	հուշանվերների խանութ	[hušanvernerí χanútʰ]
fotografar (vt)	լուսանկարել	[lusankarél]
fotografar-se	լուսանկարվել	[lusankarvél]

58. Compras

comprar (vt)	գնել	[gnel]
compra (f)	գնում	[gnum]
fazer compras	գնումներ կատարել	[gnumnér katarél]
compras (f pl)	գնումներ	[gnumnér]

estar aberta (loja, etc.)	աշխատել	[ašχatél]
estar fechada	փակվել	[pʰakvél]

calçado (m)	կոշիկ	[košík]
roupa (f)	հագուստ	[hagúst]
cosméticos (m pl)	կոսմետիկա	[kosmétika]
alimentos (m pl)	մթերքներ	[mtʰerkʰnér]
presente (m)	նվեր	[nver]

vendedor (m)	վաճառող	[vačaróġ]
vendedora (f)	վաճառողուհի	[vačaroġuhí]

caixa (f)	դրամարկղ	[dramárkġ]
espelho (m)	հայելի	[hajelí]
balcão (m)	վաճառասեղան	[vačaraseġán]
cabine (f) de provas	հանդերձարան	[handerdzarán]

provar (vt)	փորձել	[pʰordzél]
servir (vi)	սազել	[sazél]
gostar (apreciar)	դուր գալ	[dur gal]

preço (m)	գին	[gin]
etiqueta (f) de preço	գնապիտակ	[gnapiták]
custar (vt)	արժենալ	[arʒenál]
Quanto?	Որքա՞ն արժե	[vorkʰán arʒé?]
desconto (m)	զեղչ	[zeġč]

não caro	ոչ թանկ	[voč tʰank]
barato	էժան	[ēʒán]
caro	թանկ	[tʰank]
É caro	Սա թանկ է	[sa tʰánk ē]
aluguer (m)	վարձույթ	[vardzújtʰ]

alugar (vestidos, etc.)	վարձել	[vardzél]
crédito (m)	վարկ	[vark]
a crédito	վարկով	[varkóv]

59. Dinheiro

dinheiro (m)	դրամ	[dram]
câmbio (m)	փոխանակում	[pʰoxanakúm]
taxa (f) de câmbio	փոխարժեք	[pʰoxarʒékʰ]
Caixa Multibanco (m)	բանկոմատ	[bankomát]
moeda (f)	մետաղադրամ	[metaġadrám]

| dólar (m) | դոլլար | [dollár] |
| euro (m) | եվրո | [évro] |

lira (f)	լիրա	[líra]
marco (m)	մարկ	[mark]
franco (m)	ֆրանկ	[frank]
libra (f) esterlina	ֆունտ ստերլինգ	[fúnt stérling]
iene (m)	յեն	[jen]

dívida (f)	պարտք	[partkʰ]
devedor (m)	պարտապան	[partapán]
emprestar (vt)	պարտքով տալ	[partkʰóv tal]
pedir emprestado	պարտքով վերցնել	[partkʰóv vertsʰnél]

banco (m)	բանկ	[bank]
conta (f)	հաշիվ	[hašív]
depositar na conta	հաշվի վրա գցել	[hašví vra gtsʰel]
levantar (vt)	հաշվից հանել	[hašvítsʰ hanél]

cartão (m) de crédito	վարկային քարտ	[varkʰajín kʰárt]
dinheiro (m) vivo	կանխիկ դրամ	[kanxík dram]
cheque (m)	չեք	[čekʰ]
passar um cheque	չեք դուրս գրել	[čekʰ durs grel]
livro (m) de cheques	չեքային գրքույկ	[čekʰajín grkʰújk]

carteira (f)	թղթապանակ	[tʰġtʰapanák]
porta-moedas (m)	դրամապանակ	[dramapanák]
cofre (m)	չհրկիզվող պահարան	[čhrkizvóġ paharán]

herdeiro (m)	ժառանգ	[ʒaráng]
herança (f)	ժառանգություն	[ʒarangutʰjún]
fortuna (riqueza)	ունեցվածք	[unetsʰvátskʰ]

arrendamento (m)	վարձ	[vardz]
renda (f) de casa	բնակվարձ	[bnakvárdz]
alugar (vt)	վարձել	[vardzél]

preço (m)	գին	[gin]
custo (m)	արժեք	[arʒékʰ]
soma (f)	գումար	[gumár]
gastar (vt)	ծախսել	[tsaxsél]
gastos (m pl)	ծախսեր	[tsaxsér]

| economizar (vi) | տնտեսել | [tntesél] |
| económico | տնտեսող | [tntesóġ] |

pagar (vt)	վճարել	[včarél]
pagamento (m)	վճար	[včár]
troco (m)	մանր	[manr]

imposto (m)	հարկ	[hark]
multa (f)	տուգանք	[tugánkʰ]
multar (vt)	տուգանել	[tuganél]

60. Correios. Serviço postal

correios (m pl)	փոստ	[pʰost]
correio (m)	փոստ	[pʰost]
carteiro (m)	փոստատար	[pʰostatár]
horário (m)	աշխատանքային ժամեր	[ašχatankʰajín ʒamér]

carta (f)	նամակ	[namák]
carta (f) registada	պատվիրված նամակ	[patvirváts namák]
postal (m)	բացիկ	[batsʰík]
telegrama (m)	հեռագիր	[heragír]
encomenda (f) postal	ծանրոց	[tsanrótsʰ]
remessa (f) de dinheiro	դրամային փոխանցում	[dramajín pʰoχantsʰúm]

receber (vt)	ստանալ	[stanál]
enviar (vt)	ուղարկել	[uġarkél]
envio (m)	ուղարկում	[uġarkúm]

endereço (m)	հասցե	[hastsʰé]
código (m) postal	ինդեքս	[indéks]
remetente (m)	ուղարկող	[uġarkóġ]
destinatário (m)	ստացող	[statsʰóġ]

| nome (m) | անուն | [anún] |
| apelido (m) | ազգանուն | [azganún] |

tarifa (f)	սակագին	[sakagín]
ordinário	սովորական	[sovorakán]
económico	տնտեսող	[tntesóġ]

peso (m)	քաշ	[kʰaš]
pesar (estabelecer o peso)	կշռել	[kšrel]
envelope (m)	ծրար	[tsrar]
selo (m)	նամականիշ	[namakaníš]

Moradia. Casa. Lar

61. Casa. Eletricidade

eletricidade (f)	էլեկտրականություն	[ēlektrakanutʰjún]
lâmpada (f)	լամպ	[lamp]
interruptor (m)	անջատիչ	[anʤatíč]
fusível (m)	էլեկտրախցան	[ēlektraxtsʰán]
fio, cabo (m)	լար	[lar]
instalação (f) elétrica	էլեկտրացանց	[ēlektratsʰántsʰ]
contador (m) de eletricidade	հաշվիչ	[hašvíč]
indicação (f), registo (m)	ցուցմունք	[tsʰutsʰmúnkʰ]

62. Moradia. Mansão

casa (f) de campo	քաղաքից դուրս տուն	[kʰağakítsʰ durs tun]
vila (f)	վիլլա	[vílla]
ala (~ do edifício)	թև	[tʰev]
jardim (m)	այգի	[ajgí]
parque (m)	զբոսայգի	[zbosajgí]
estufa (f)	ջերմոց	[ʤermótsʰ]
cuidar de ...	խնամել	[xnamél]
piscina (f)	լողավազան	[loğavazán]
ginásio (m)	սպորտային դահլիճ	[sportajín dahlíč]
campo (m) de ténis	թենիսի հարթակ	[tʰenisí harták]
cinema (m)	կինոթատրոն	[kinotʰatrón]
garagem (f)	ավտոտնակ	[avtotnák]
propriedade (f) privada	մասնավոր սեփականություն	[masnavór sepʰakanutʰjún]
terreno (m) privado	մասնավոր կալված	[masnavór kalváts]
advertência (f)	զգուշացում	[zgušatsʰúm]
sinal (m) de aviso	զգուշացնող գրություն	[zgušatsʰnóğ grutʰjún]
guarda (f)	պահակություն	[pahakutʰjún]
guarda (m)	պահակ	[pahák]
alarme (m)	ազդանշանային համակարգ	[azdanšanajín hamakárg]

63. Apartamento

apartamento (m)	բնակարան	[bnakarán]
quarto (m)	սենյակ	[senják]

quarto (m) de dormir	ննջարան	[nndʒarán]
sala (f) de jantar	ճաշասենյակ	[čašasenják]
sala (f) de estar	հյուրասենյակ	[hjurasenják]
escritório (m)	աշխատասենյակ	[ašχatasenják]

antessala (f)	նախասենյակ	[naχasenják]
quarto (m) de banho	լոգարան	[logarán]
toilette (lavabo)	զուգարան	[zugarán]

teto (m)	առաստաղ	[arastáġ]
chão, soalho (m)	հատակ	[haták]
canto (m)	անկյուն	[ankjún]

64. Mobiliário. Interior

mobiliário (m)	կահույք	[kahújkʰ]
mesa (f)	սեղան	[seġán]
cadeira (f)	աթոռ	[atʰór]
cama (f)	մահճակալ	[mahčakál]
divã (m)	բազմոց	[bazmótsʰ]
cadeirão (m)	բազկաթոռ	[bazkatʰór]

| estante (f) | գրապահարան | [grapaharán] |
| prateleira (f) | դարակ | [darák] |

guarda-vestidos (m)	պահարան	[paharán]
cabide (m) de parede	կախարան	[kaχarán]
cabide (m) de pé	կախոց	[kaχótsʰ]

| cómoda (f) | կոմոդ | [komód] |
| mesinha (f) de centro | սեղանիկ | [seġaník] |

espelho (m)	հայելի	[hajelí]
tapete (m)	գորգ	[gorg]
tapete (m) pequeno	փոքր գորգ	[pʰokʰr gorg]

lareira (f)	բուխարի	[buχarí]
vela (f)	մոմ	[mom]
castiçal (m)	մոմակալ	[momakál]

cortinas (f pl)	վարագույր	[varagújr]
papel (m) de parede	պաստառ	[pastár]
estores (f pl)	շերտավարագույր	[šertavaragújr]

| candeeiro (m) de mesa | սեղանի լամպ | [seġaní lámp] |
| candeeiro (m) de parede | ջահ | [dʒah] |

| candeeiro (m) de pé | ձողաջահ | [dzoġadʒáh] |
| lustre (m) | ջահ | [dʒah] |

pé (de mesa, etc.)	ոտիկ	[totík]
braço (m)	արմնկակալ	[armnkakál]
costas (f pl)	թիկնակ	[tʰiknák]
gaveta (f)	դարակ	[darák]

65. Quarto de dormir

roupa (f) de cama	սպիտակեղեն	[spitakeǵén]
almofada (f)	բարձ	[bardz]
fronha (f)	բարձի երես	[bardzí erés]
cobertor (m)	վերմակ	[vermák]
lençol (m)	սավան	[saván]
colcha (f)	ծածկոց	[tsatskótsʰ]

66. Cozinha

cozinha (f)	խոհանոց	[χohanótsʰ]
gás (m)	գազ	[gaz]
fogão (m) a gás	գազօջախ	[gazodʒáχ]
fogão (m) elétrico	էլեկտրական սալօջախ	[ēlektrakán salodʒáχ]
forno (m)	շէնոց	[dʒerótsʰ]
forno (m) de micro-ondas	միկրոալիքային վառարան	[mikroalikʰajín vararán]
frigorífico (m)	սառնարան	[sarnarán]
congelador (m)	սառնախցիկ	[sarnaχtsʰík]
máquina (f) de lavar louça	աման լվացող մեքենա	[amán lvatsʰóǵ mekʰená]
moedor (m) de carne	մսաղաց	[msaġátsʰ]
espremedor (m)	հյութաքամիչ	[hjutʰakʰamíč]
torradeira (f)	տոստեր	[tostér]
batedeira (f)	հարիչ	[haríč]
máquina (f) de café	սրճեփ	[srčepʰ]
cafeteira (f)	սրճաման	[srčamán]
moinho (m) de café	սրճաղաց	[srčaġátsʰ]
chaleira (f)	թեյնիկ	[tʰejník]
bule (m)	թեյաման	[tʰejamán]
tampa (f)	կափարիչ	[kapʰaríč]
coador (m) de chá	թեյքամիչ	[tʰejkʰamíč]
colher (f)	գդալ	[gdal]
colher (f) de chá	թեյի գդալ	[tʰeji gdal]
colher (f) de sopa	ճաշի գդալ	[čaši gdal]
garfo (m)	պատառաքաղ	[patarakʰáǵ]
faca (f)	դանակ	[danák]
louça (f)	սպասք	[spaskʰ]
prato (m)	ափսե	[apʰsé]
pires (m)	պնակ	[pnak]
cálice (m)	ըմպանակ	[əmpanák]
copo (m)	բաժակ	[baʒák]
chávena (f)	բաժակ	[baʒák]
açucareiro (m)	շաքարաման	[šakʰaramán]
saleiro (m)	աղաման	[aġamán]
pimenteiro (m)	պղպեղաման	[pġpeġamán]

manteigueira (f)	կարագի ամա	[karagí amán]
panela, caçarola (f)	կաթսա	[katʰsá]
frigideira (f)	թավա	[tʰavá]
concha (f)	շերեփ	[šerépʰ]
passador (m)	քամիչ	[kʰamíč]
bandeja (f)	սկուտեղ	[skutég]
garrafa (f)	շիշ	[šiš]
boião (m) de vidro	բանկա	[banká]
lata (f)	տարա	[tará]
abre-garrafas (m)	բացիչ	[batsʰíč]
abre-latas (m)	բացիչ	[batsʰíč]
saca-rolhas (m)	խցանահան	[xtsʰanahán]
filtro (m)	զտիչ	[ztič]
filtrar (vt)	զտել	[ztel]
lixo (m)	աղբ	[aġb]
balde (m) do lixo	աղբի դույլ	[aġbi dújl]

67. Casa de banho

quarto (m) de banho	լոգարան	[logarán]
água (f)	ջուր	[dʒur]
torneira (f)	ծորակ	[tsorák]
água (f) quente	տաք ջուր	[takʰ dʒur]
água (f) fria	սառը ջուր	[sárə dʒur]
pasta (f) de dentes	ատամի մածուկ	[atamí matsúk]
escovar os dentes	ատամները մաքրել	[atamnérə makʰrél]
barbear-se (vr)	սափրվել	[sapʰrvél]
espuma (f) de barbear	սափրվելու փրփուր	[sapʰrvelú prpur]
máquina (f) de barbear	ածելի	[atselí]
lavar (vt)	լվանալ	[lvanál]
lavar-se (vr)	լվացվել	[lvatsʰvél]
duche (m)	ցնցուղ	[tsʰntsʰuġ]
tomar um duche	դուշ ընդունել	[dúš əndunél]
banheira (f)	լողարան	[loġarán]
sanita (f)	զուգարանակոնք	[zugaranakónkʰ]
lavatório (m)	լվացարան	[lvatsʰarán]
sabonete (m)	օճառ	[očár]
saboneteira (f)	օճառաման	[očaramán]
esponja (f)	սպունգ	[spung]
champô (m)	շամպուն	[šampún]
toalha (f)	սրբիչ	[srbič]
roupão (m) de banho	խալաթ	[xalátʰ]
lavagem (f)	լվացք	[lvatsʰkʰ]
máquina (f) de lavar	լվացքի մեքենա	[lvatsʰkʰí mekená]

lavar a roupa սպիտակեղեն լվալ [spitakeġén lvál]
detergente (m) լվացքի փոշի [lvatsʰkʰí pʰoší]

68. Eletrodomésticos

televisor (m) հեռուստացույց [herustatsʰújtsʰ]
gravador (m) մագնիտոֆոն [magnitofón]
videogravador (m) տեսամագնիտոֆոն [tesamagnitofón]
rádio (m) ընդունիչ [ənduníč]
leitor (m) նվագարկիչ [nvagarkíč]

projetor (m) տեսապրոյեկտոր [tesaproektór]
cinema (m) em casa տնային կինոթատրոն [tʰnajín kinotʰatrón]
leitor (m) de DVD DVD նվագարկիչ [dividí nvagarkíč]
amplificador (m) ուժեղացուցիչ [uʒeġatsʰutsʰíč]
console (f) de jogos խաղային համակարգիչ [χaġajín hamakargíč]

câmara (f) de vídeo տեսախցիկ [tesaχtsʰík]
máquina (f) fotográfica լուսանկարչական ապարատ [lusankarčakán aparát]
câmara (f) digital թվային լուսանկարչական ապարատ [tʰvajín lusankarčakán aparát]

aspirador (m) փոշեկուլ [pʰošekúl]
ferro (m) de engomar արդուկ [ardúk]
tábua (f) de engomar արդուկի տախտակ [arduki taχták]

telefone (m) հեռախոս [heraχós]
telemóvel (m) բջջային հեռախոս [bdʒdʒajín heraχós]
máquina (f) de escrever տպող մեքենա [tpóġ mekʰená]
máquina (f) de costura կարի մեքենա [kʰarí mekʰená]

microfone (m) միկրոֆոն [mikrofón]
auscultadores (m pl) ականջակալներ [akandʒakalnér]
controlo remoto (m) հեռակառավարման վահանակ [herakaravarmán vahanák]

CD (m) խտասկավառակ [χtaskavarák]
cassete (f) ձայներիզ [dzajneríz]
disco (m) de vinil սկավառակ [skavarák]

ATIVIDADES HUMANAS

Emprego. Negócios. Parte 1

69. Escritório. O trabalho no escritório

escritório (~ de advogados)	գրասենյակ	[grasenják]
escritório (do diretor, etc.)	առանձնասենյակ	[arandznasenják]
secretário (m)	քարտուղար	[kʰartuġár]
diretor (m)	տնօրեն	[tnorén]
gerente (m)	մենեջեր	[menedʒér]
contabilista (m)	հաշվապահ	[hašvapáh]
empregado (m)	աշխատակից	[ašχatakítsʰ]
mobiliário (m)	կահույք	[kahújkʰ]
mesa (f)	գրասեղան	[graseġán]
cadeira (f)	բազկաթոռ	[bazkatʰór]
bloco (m) de gavetas	փոքր պահարան	[pʰokʰr paharán]
cabide (m) de pé	կախիչ	[kaχótsʰ]
computador (m)	համակարգիչ	[hamakargíč]
impressora (f)	տպիչ	[tpič]
fax (m)	ֆաքս	[fakʰs]
fotocopiadora (f)	պատճենահանող սարք	[patčenahanóġ sárkʰ]
papel (m)	թուղթ	[tʰuġtʰ]
artigos (m pl) de escritório	գրենական պիտույքներ	[grenakán pitujkʰnér]
tapete (m) de rato	գորգ	[gorg]
folha (f) de papel	թուղթ	[tʰuġtʰ]
pasta (f)	թղթապանակ	[tʰġtʰapanák]
catálogo (m)	գրացուցակ	[gratsʰutsʰák]
diretório (f) telefónico	տեղեկատու	[teġekatú]
documentação (f)	փաստաթղթեր	[pʰastatʰġtʰér]
brochura (f)	գրքույկ	[grkʰújk]
flyer (m)	թռուցիկ	[tʰrutsʰík]
amostra (f)	օրինակ	[orinák]
formação (f)	թրենինգ	[tʰreníng]
reunião (f)	խորհրդակցություն	[χorhrdaktsʰutʰjún]
hora (f) de almoço	ճաշի ընդմիջում	[čaší əndmidʒúm]
fazer uma cópia	պատճենահանել	[patčenahanél]
tirar cópias	բազմացնել	[bazmatsʰnél]
receber um fax	ֆաքս ստանալ	[fákʰs stanál]
enviar um fax	ֆաքս ուղարկել	[fákʰs uġarkél]
fazer uma chamada	զանգահարել	[zangaharél]
responder (vt)	պատասխանել	[pataschanél]

T&P Books. Vocabulário Português-Arménio - 5000 palavras

passar (vt)	միացնել	[miatsʰnél]
marcar (vt)	նշանակել	[nšanakél]
demonstrar (vt)	ցուցադրել	[tsʰutsʰadrél]
estar ausente	բացակայել	[batsʰakaél]
ausência (f)	բացակայություն	[batsʰakajutʰjún]

70. Processos negociais. Parte 1

ocupação (f)	գործ	[gorts]
firma, empresa (f)	ֆիրմա	[fírma]
companhia (f)	ընկերություն	[ənkerutʰjún]
corporação (f)	միավորում	[miavorúm]
empresa (f)	ձեռնարկություն	[dzernarkutʰjún]
agência (f)	գործակալություն	[gortsakalutʰjún]

acordo (documento)	պայմանագիր	[pajmanagír]
contrato (m)	պայմանագիր	[pajmanagír]
acordo (transação)	գործարք	[gortsárkʰ]
encomenda (f)	պատվեր	[patvér]
cláusulas (f pl), termos (m pl)	պայման	[pajmán]

por grosso (adv)	մեծածախ	[metsatsáx]
por grosso (adj)	մեծածախ	[metsatsáx]
venda (f) por grosso	մեծածախ առևտուր	[metsatsáx arevtúr]
a retalho	մանրածախ	[manratsáx]
venda (f) a retalho	մանրածախ առևտուր	[manratsáx arevtúr]

concorrente (m)	մրցակից	[mrtsʰakítsʰ]
concorrência (f)	մրցակցություն	[mrtʰaktsʰutʰjún]
competir (vi)	մրցակցել	[mrtsʰaktsʰél]

| sócio (m) | գործընկեր | [gortsənkér] |
| parceria (f) | համագործակցություն | [hamagortsaktsʰutʰjún] |

crise (f)	ճգնաժամ	[čgnaʒám]
bancarrota (f)	սնանկություն	[snankutʰjún]
entrar em falência	սնանկանալ	[snənkanál]
dificuldade (f)	դժվարություն	[dʒvarutʰjún]
problema (m)	խնդիր	[xndir]
catástrofe (f)	աղետ	[aġét]

economia (f)	տնտեսություն	[tntesutʰjún]
económico	տնտեսական	[tntesakán]
recessão (f) económica	տնտեսական անկում	[tntesakán ankúm]

| objetivo (m) | նպատակ | [npaták] |
| tarefa (f) | խնդիր | [xndir] |

comerciar (vi, vt)	առևտուր անել	[arevtúr anél]
rede (de distribuição)	ցանց	[tsʰantsʰ]
estoque (m)	պահեստ	[pahést]
sortimento (m)	տեսականի	[tesakaní]
líder (m)	ղեկավար	[ġekavár]
grande (~ empresa)	խոշոր	[xošór]

64

monopólio (m)	մենաշնորհ	[menašnórh]
teoria (f)	տեսություն	[tesutʰjún]
prática (f)	պրակտիկա	[práktika]
experiência (falar por ~)	փորձ	[pʰordz]
tendência (f)	միտում	[mitúm]
desenvolvimento (m)	զարգացում	[zargatsʰúm]

71. Processos negociais. Parte 2

| rentabilidade (f) | շահ | [šah] |
| rentável | շահավետ | [šahavét] |

delegação (f)	պատվիրակություն	[patvirakutʰjún]
salário, ordenado (m)	աշխատավարձ	[ašχatavárdz]
corrigir (um erro)	ուղղել	[uġġél]
viagem (f) de negócios	գործուղում	[gortsuġúm]
comissão (f)	հանձնաժողով	[handznažoġóv]

controlar (vt)	վերահսկել	[verahskél]
conferência (f)	կոնֆերանս	[konferáns]
licença (f)	լիցենզյա	[litsʰénzja]
confiável	վստահելի	[vstahelí]

empreendimento (m)	ձեռնարկած գործ	[dzernarkáts gorts]
norma (f)	նորմա	[nórma]
circunstância (f)	հանգամանք	[hangamánkʰ]
dever (m)	պարտականություն	[partakanutʰjún]

empresa (f)	կազմակերպություն	[kazmakerputʰjún]
organização (f)	կազմակերպում	[kazmakerpúm]
organizado	կազմակերպված	[kazmakerpváts]
anulação (f)	վերացում	[veratsʰu:m]
anular, cancelar (vt)	չեղարկել	[čeġarkél]
relatório (m)	հաշվետվություն	[hašvetvutʰjún]

patente (f)	արտոնագիր	[artonagír]
patentear (vt)	արտոնագրել	[artonagrél]
planear (vt)	ծրագրել	[tsragrél]

prémio (m)	պարգևավճար	[pargevavčár]
profissional	մասնագիտական	[masnagitutsjún]
procedimento (m)	ընթացակարգ	[əntʰatsʰakárg]

examinar (a questão)	քննարկել	[kʰnnarkél]
cálculo (m)	վճարում	[včarúm]
reputação (f)	համբավ	[hambáv]
risco (m)	ռիսկ	[risk]

dirigir (~ uma empresa)	ղեկավարել	[ġekavarél]
informação (f)	տեղեկություններ	[teġekutʰjunnér]
propriedade (f)	սեփականություն	[sepʰakanutʰjún]
união (f)	միավորում	[miavorúm]
seguro (m) de vida	կյանքի ապահովագրություն	[kjankʰí apahovagrutʰjún]
fazer um seguro	ապահովագրել	[apahovagrél]

65

seguro (m)	ապահովագրություն	[apahovagrutʰjún]
leilão (m)	աճուրդ	[ačúrd]
notificar (vt)	ծանուցել	[tsanutsʰél]
gestão (f)	ղեկավարում	[ġekavarúm]
serviço (indústria de ~s)	ծառայություն	[tsarajutʰjún]

fórum (m)	համաժողով	[hamaʒoġóv]
funcionar (vi)	գործել	[gortsél]
estágio (m)	փուլ	[pʰul]
jurídico	իրավաբանական	[iravabanakán]
jurista (m)	իրավաբան	[iravabán]

72. Produção. Trabalhos

usina (f)	գործարան	[gortsarán]
fábrica (f)	ֆաբրիկա	[fábrika]
oficina (f)	արտադրամաս	[artadramás]
local (m) de produção	արտադրություն	[artadrutʰjún]

indústria (f)	արդյունաբերություն	[ardjunaberutʰjún]
industrial	արդյունաբերական	[ardjunaberakán]
indústria (f) pesada	ծանր արդյունաբերություն	[tsánr ardjunaberutʰjún]
indústria (f) ligeira	թեթև արդյունաբերություն	[tʰetʰév ardjunaberutʰjún]

produção (f)	արտադրանք	[artadránkʰ]
produzir (vt)	արտադրել	[artadrél]
matérias-primas (f pl)	հումք	[humkʰ]

chefe (m) de brigada	բրիգադավար	[brigadavár]
brigada (f)	բրիգադ	[brigád]
operário (m)	բանվոր	[banvór]

dia (m) de trabalho	աշխատանքային օր	[ašχatankʰajín or]
pausa (f)	ընդմիջում	[əndmidʒúm]
reunião (f)	ժողով	[ʒoġóv]
discutir (vt)	քննարկել	[kʰnnarkél]

plano (m)	պլան	[plan]
cumprir o plano	պլանը կատարել	[plánə katarél]
taxa (f) de produção	չափաբանակ	[čapʰakʰanák]
qualidade (f)	որակ	[vorák]
controlo (m)	վերահսկում	[verahskúm]
controlo (m) da qualidade	որակի վերահսկում	[vorakí verahskúm]

segurança (f) no trabalho	աշխատանքի անվտանգություն	[ašχatankʰí anvtanutʰjún]
disciplina (f)	կարգապահություն	[kargapahutʰjún]
infração (f)	խախտում	[χaχtúm]
violar (as regras)	խախտել	[χaχtél]

greve (f)	գործադուլ	[gortsadúl]
grevista (m)	գործադուլավոր	[gortsadulavór]
estar em greve	գործադուլ անել	[gortsadúl anél]
sindicato (m)	արհմիություն	[arhmiutʰjún]

inventar (vt)	հայտնագործել	[hajtnagortsél]
invenção (f)	գյուտ	[gjut]
pesquisa (f)	հետազոտություն	[hetazotutʰjún]
melhorar (vt)	բարելավել	[barelavél]
tecnologia (f)	տեխնոլոգիա	[teχnológia]
desenho (m) técnico	գծագիր	[gtsagír]

carga (f)	բեռ	[ber]
carregador (m)	բեռնակիր	[bernakír]
carregar (vt)	բարձել	[bardzél]
carregamento (m)	բեռնում	[bernúm]
descarregar (vt)	բեռնաթափել	[bernatʰapʰél]
descarga (f)	բեռնաթափում	[bernatʰapʰúm]

transporte (m)	փոխադրամիջոց	[pʰoχadramidzótsʰ]
companhia (f) de transporte	տրանսպորտային ընկերություն	[transportajín ənkerutʰjún]
transportar (vt)	փոխադրել	[pʰoχadrél]

vagão (m) de carga	վագոն	[vagón]
cisterna (f)	ցիստեռն	[tsʰistérn]
camião (m)	բեռնատար	[bernatár]

máquina-ferramenta (f)	հաստոց	[hastótsʰ]
mecanismo (m)	մեխանիզմ	[meχanízm]

resíduos (m pl) industriais	թափոններ	[tʰapʰonnér]
embalagem (f)	փաթեթավորում	[pʰatʰetʰavorúm]
embalar (vt)	փաթեթավորել	[pʰatʰetʰavorél]

73. Contrato. Acordo

contrato (m)	պայմանագիր	[pajmanagír]
acordo (m)	համաձայնագիր	[hamadzajnagír]
adenda (f), anexo (m)	հավելված	[havelváts]

assinar o contrato	պայմանագիր կնքել	[pajmanagír knkʰél]
assinatura (f)	ստորագրություն	[storagrutʰjún]
assinar (vt)	ստորագրել	[storagrél]
carimbo (m)	կնիք	[knikʰ]

objeto (m) do contrato	պայմանագրի առարկա	[pajmanagrí ararká]
cláusula (f)	կետ	[ket]

partes (f pl)	կողմեր	[koǵmér]
morada (f) jurídica	իրավաբանական հասցե	[iravabanakán hastsʰé]

violar o contrato	խախտել պայմանագիրը	[χaχtél pajmanagírə]
obrigação (f)	պարտավորություն	[partavorutʰjún]
responsabilidade (f)	պատասխանատվություն	[patasχanatvutʰjún]
força (f) maior	ֆորս-մաժոր	[fórs maʒór]
litígio (m), disputa (f)	վեճ	[več]
multas (f pl)	տուգանային պատժամիջոցներ	[tuganajín patʒamidzotsʰnér]

T&P Books. Vocabulário Português-Arménio - 5000 palavras

74. Importação & Exportação

importação (f)	ներմուծում	[nermutsúm]
importador (m)	ներկրող	[nerkróg]
importar (vt)	ներմուծել	[nermutsél]
de importação	ներմուծված	[nermutsváts]
exportador (m)	արտահանող	[artahanóg]
exportar (vt)	արտահանել	[artahanél]
mercadoria (f)	ապրանք	[apránkʰ]
lote (de mercadorias)	խմբաքանակ	[xmbakʰanák]
peso (m)	քաշ	[kʰaš]
volume (m)	ծավալ	[tsavál]
metro (m) cúbico	խորանարդ մետր	[xoranárd métr]
produtor (m)	արտադրող	[artadróg]
companhia (f) de transporte	տրանսպորտային ընկերություն	[transportajín ənkerutʰjún]
contentor (m)	բեռնարկղ	[bernárkg]
fronteira (f)	սահման	[sahmán]
alfândega (f)	մաքսատուն	[makʰsatún]
taxa (f) alfandegária	մաքսատուրք	[maksatúrkʰ]
funcionário (m) da alfândega	մաքսավոր	[makʰsavór]
contrabando (atividade)	մաքսանենգություն	[makʰsanengutʰjún]
contrabando (produtos)	մաքսանենգ ապրանք	[maksanéng apránkʰ]

75. Finanças

ação (f)	բաժնետոմս	[baʒnetóms]
obrigação (f)	պարտատոմս	[pʰoxarutʰján pajmanagír]
nota (f) promissória	մուրհակ	[murhák]
bolsa (f)	բորսա	[bórsa]
cotação (m) das ações	բաժնետոմսերի վարկանիշ	[baʒnetomserí varkaníš]
tornar-se mais barato	գին ընկնել	[gín ənknél]
tornar-se mais caro	գինը բարձրանալ	[ginə bardzranál]
participação (f) maioritária	վերահսկիչ փաթեթ	[verahskíč pʰatʰétʰ]
investimento (m)	ներդրումներ	[nerdrumnér]
investir (vt)	ներդնել	[nerdnél]
percentagem (f)	տոկոս	[tokós]
juros (m pl)	տոկոսներ	[tokosnér]
lucro (m)	շահույթ	[šahújtʰ]
lucrativo	շահավետ	[šahavét]
imposto (m)	հարկ	[hark]
divisa (f)	տարադրամ	[taradrám]
nacional	ազգային	[azgajín]

câmbio (m) փոխանակում [pʰoχanakúm]
contabilista (m) հաշվապահ [hašvapáh]
contabilidade (f) հաշվապահություն [hašvapahutʰjún]

bancarrota (f) սնանկություն [snankutʰjún]
falência (f) սնանկություն [snankutʰjún]
ruína (f) սնանկություն [snankutʰjún]
arruinar-se (vr) սնանկանալ [snənkanál]
inflação (f) գնաճ [gnač]
desvalorização (f) դեվալվացիա [devalváts̩ʰia]

capital (m) կապիտալ [kapitál]
rendimento (m) շահույթ [šahújtʰ]
volume (m) de negócios շրջանառություն [šrdʒanarutʰjún]
recursos (m pl) միջոցներ [midʒotsʰnér]
recursos (m pl) financeiros դրամական միջոցներ [dramakán midʒotsʰnér]
reduzir (vt) կրճատել [krčatél]

76. Marketing

marketing (m) մարքեթինգ [markʰetʰíng]
mercado (m) շուկա [šuká]
segmento (m) do mercado շուկայի հատված [šukají hatváts]
produto (m) արդյունքատեսակ [aprankʰatesák]
mercadoria (f) ապրանք [apránkʰ]

marca (f) comercial առևտրային նշան [arevtrajín nšan]
logotipo (m) ֆիրմային նշան [firmajín nšan]
logo (m) լոգոտիպ [logotíp]

demanda (f) պահանջարկ [pahandʒárk]
oferta (f) առաջարկ [aradʒárk]
necessidade (f) կարիք [karíkʰ]
consumidor (m) սպառող [sparóg]

análise (f) վերլուծություն [verlutsutʰjún]
analisar (vt) վերլուծել [verlutsél]
posicionamento (m) դիրքավորում [dirkʰavorúm]
posicionar (vt) դիրքավորվել [dirkʰavorvél]

preço (m) գին [gin]
política (f) de preços գնային քաղաքականություն [gnajín kʰaġakʰakanutʰjún]
formação (f) de preços գնագոյացում [gnagojatsʰúm]

77. Publicidade

publicidade (f) գովազդ [govázd]
publicitar (vt) գովազդել [govazdél]
orçamento (m) բյուջե [bjudʒé]

anúncio (m) publicitário գովազդ [govázd]
publicidade (f) televisiva հեռուստագովազդ [herustagovázd]

T&P Books. Vocabulário Português-Arménio - 5000 palavras

| publicidade (f) na rádio | ռադիոգովազդ | [radiogovázd] |
| publicidade (f) exterior | արտաքին գովազդ | [artakʰín govázd] |

comunicação (f) de massa	զանգվածային լրատվության միջոցներ	[zangvatsajín lratvutʰján midʒotsʰnér]
periódico (m)	պարբերական	[parberakán]
imagem (f)	իմիջ	[imídʒ]

| slogan (m) | նշանաբան | [nšanabán] |
| mote (m), divisa (f) | նշանաբան | [nšanabán] |

campanha (f)	արշավ	[aršáv]
companha (f) publicitária	գովազդարշավ	[govazdaršáv]
grupo (m) alvo	նպատակային լսարան	[npatakajín lsarán]

cartão (m) de visita	այցեքարտ	[ajtsʰekʰárt]
flyer (m)	թռուցիկ	[tʰrutsʰík]
brochura (f)	գրքույկ	[grkʰújk]
folheto (m)	ծալաթերթիկ	[tsalatʰertík]
boletim (~ informativo)	տեղեկատվական թերթիկ	[teġekatvakán tʰertʰík]

letreiro (m)	ցուցանակ	[tsʰutsʰanák]
cartaz, póster (m)	ձգապաստառ	[dzgapastár]
painel (m) publicitário	վահանակ	[vahanák]

78. Banca

| banco (m) | բանկ | [bank] |
| sucursal, balcão (f) | բաժանմունք | [baʒanmúnkʰ] |

| consultor (m) | խորհրդատու | [χorhrdatú] |
| gerente (m) | կառավարիչ | [karavaríč] |

conta (f)	հաշիվ	[hašív]
número (m) da conta	հաշվի համար	[hašví hamár]
conta (f) corrente	ընթացիկ հաշիվ	[əntʰatsʰík hašív]
conta (f) poupança	կուտակային հաշիվ	[kutakajín hašív]

abrir uma conta	հաշիվ բացել	[hašív batsʰél]
fechar uma conta	հաշիվ փակել	[hašív pʰakél]
depositar na conta	հաշվի վրա գցել	[hašví vra gtsʰel]
levantar (vt)	հաշվից հանել	[hašvítsʰ hanél]

depósito (m)	ավանդ	[avánd]
fazer um depósito	ավանդ ներդնել	[avánd nerdnél]
transferência (f) bancária	փոխանցում	[pʰoχantsʰúm]
transferir (vt)	փոխանցում կատարել	[pʰoχantsʰúm katarél]

| soma (f) | գումար | [gumár] |
| Quanto? | Որքա՞ն | [vorkʰán?] |

assinatura (f)	ստորագրություն	[storagrutʰjún]
assinar (vt)	ստորագրել	[storagrél]
cartão (m) de crédito	վարկային քարտ	[varkʰajín kʰárt]

70

T&P Books. Vocabulário Português-Arménio - 5000 palavras

código (m)	կոդ	[kod]
número (m) do cartão de crédito	վարկայիև քարտի համար	[varkʰajín kʰartí hamár]
Caixa Multibanco (m)	բանկոմատ	[bankomát]

cheque (m)	չեք	[čekʰ]
passar um cheque	չեք դուրս գրել	[čekʰ durs grel]
livro (m) de cheques	չեքայիև գրքույկ	[čekʰajín grkʰújk]

empréstimo (m)	վարկ	[vark]
pedir um empréstimo	դիմել վարկ ստանալու համար	[dimél várk stanalú hamár]
obter um empréstimo	վարկ վերցևել	[vark vertsʰnél]
conceder um empréstimo	վարկ տրամադրել	[vark tramadrél]
garantia (f)	գրավական	[gravakán]

79. Telefone. Conversação telefónica

telefone (m)	հեռախոս	[heraχós]
telemóvel (m)	բջջային հեռախոս	[bdʒdʒajín heraχós]
secretária (f) electrónica	իևքևապատասխանիչ	[inkʰnapatasχaníč]

| fazer uma chamada | զաևգահարել | [zangaharél] |
| chamada (f) | զաևգ | [zang] |

marcar um número	համարը հավաքել	[hamárə havakʰél]
Alô!	Ալո́	[aló!]
perguntar (vt)	հարցևել	[hartsʰnél]
responder (vt)	պատասխանել	[patasχanél]

ouvir (vt)	լսել	[lsel]
bem	լավ	[lav]
mal	վատ	[vat]
ruído (m)	խաևգարումևեր	[χangarumnér]

auscultador (m)	լսափող	[lsapʰóġ]
pegar o telefone	լսափողը վերցևել	[lsapʰóġə vertsʰnél]
desligar (vi)	լսափողը դևել	[lsapʰóġə dnél]

ocupado	զբաղված	[zbaġváts]
tocar (vi)	զաևգել	[zangél]
lista (f) telefónica	հեռախոսագիրք	[heraχosagírkʰ]

local	տեղային	[teġajín]
de longa distância	միջքաղաքային	[midʒkaġakʰajín]
internacional	միջազգային	[midʒazgajín]

80. Telefone móvel

telemóvel (m)	բջջային հեռախոս	[bdʒdʒajín heraχós]
ecrã (m)	էկրաև	[ēkrán]
botão (m)	կոճակ	[kočák]

71

cartão SIM (m) | SIM-քարտ | [sim kʰart]
bateria (f) | մարտկոց | [martkótsʰ]
descarregar-se | լիցքաթափվել | [litsʰkʰatʰapʰvél]
carregador (m) | լիցքավորման սարք | [litsʰkavormán sárkʰ]

menu (m) | մենյու | [menjú]
definições (f pl) | լարք | [larkʰ]
melodia (f) | մեղեդի | [meġedí]
escolher (vt) | ընտրել | [əntrél]

calculadora (f) | հաշվիչ | [hašvíč]
correio (m) de voz | ինքնապատասխանիչ | [inkʰnapatasχaníč]
despertador (m) | զարթուցիչ | [zartʰutsʰíč]
contatos (m pl) | հեռախոսագիրք | [heraχosagírkʰ]

mensagem (f) de texto | SMS-հաղորդագրություն | [SMS haġordagrutʰjún]
assinante (m) | բաժանորդ | [baʒanórd]

81. Estacionário

caneta (f) | ինքնահոս գրիչ | [inkʰnahós gríč]
caneta (f) tinteiro | փետրավոր գրիչ | [pʰetravór grič]

lápis (m) | մատիտ | [matít]
marcador (m) | նշիչ | [nšič]
caneta (f) de feltro | ֆլոմաստեր | [flomastér]

bloco (m) de notas | նոթատետր | [notʰatétr]
agenda (f) | օրագիրք | [oragírkʰ]

régua (f) | քանոն | [kʰanón]
calculadora (f) | հաշվիչ | [hašvíč]
borracha (f) | ռետին | [retín]
pionés (m) | սեղմակ | [severák]
clipe (m) | ամրակ | [amrák]

cola (f) | սոսինձ | [sosíndz]
agrafador (m) | ճարմանդակարիչ | [čarmandakaríč]
furador (m) | ծակոտիչ | [tsakotíč]
afia-lápis (m) | սրիչ | [srič]

82. Tipos de negócios

serviços (m pl) de contabilidade | հաշվապահական ծառայություններ | [hašvapahakán tsarajutʰjúnnér]

publicidade (f) | գովազդ | [govázd]
agência (f) de publicidade | գովազդային գործակալություն | [govazdajín gortsakalutʰjún]

ar (m) condicionado | օդորակիչներ | [odorakičnér]
companhia (f) aérea | ավիաընկերություն | [aviaənkerutʰjún]
bebidas (f pl) alcoólicas | ոգելից խմիչքներ | [vogelítsʰ χmičkʰnér]
comércio (m) de antiguidades | հնաոճ իրեր | [hnavóč irér]

galeria (f) de arte | սրահ | [srah]
serviços (m pl) de auditoria | աուդիտորական ծառայություններ | [auditorakán tsarajutʰjún]

negócios (m pl) bancários | բանկային գործ | [bankajín gorts]
bar (m) | բար | [bar]
salão (m) de beleza | գեղեցկության սրահ | [geġetsʰkutʰján sráh]
livraria (f) | գրախանութ | [graxanútʰ]
cervejaria (f) | գարեջրի գործարան | [garedʒrí gortsarán]
centro (m) de escritórios | բիզնես-կենտրոն | [bíznes kentrón]
escola (f) de negócios | բիզնես-դպրոց | [bíznes dprótsʰ]

casino (m) | խաղատուն | [xaġatún]
construção (f) | շինարարություն | [šinararutʰjún]
serviços (m pl) de consultoria | խորհրդատվություն | [xorhrdatvutʰjún]

estomatologia (f) | ատամնաբուժություն | [atamnabuʒutʰjún]
design (m) | դիզայն | [dizájn]
farmácia (f) | դեղատուն | [deġatún]
lavandaria (f) | քիմմաքրման կետ | [kʰimmakʰrmán két]
agência (f) de emprego | աշխատանքի տեղավորման գործակալություն | [ašxatankʰí teġavormán gortsakalutʰjún]

serviços (m pl) financeiros | ֆինանսական ծառայություններ | [finansakán tsarajutʰjúnnér]
alimentos (m pl) | սննդամթերք | [snndamtʰérkʰ]
agência (f) funerária | թաղման բյուրո | [tʰaġmán bjuró]
mobiliário (m) | կահույք | [kahújkʰ]
roupa (f) | հագուստ | [hagúst]
hotel (m) | հյուրանոց | [hjuranótsʰ]

gelado (m) | պաղպաղակ | [paġpaġák]
indústria (f) | արդյունաբերություն | [ardjunaberutʰjún]
seguro (m) | ապահովագրություն | [apahovagrutʰjún]
internet (f) | ինտերնետ | [internét]
investimento (m) | ներդրումներ | [nerdrumnér]

joalheiro (m) | ոսկերիչ | [voskeríč]
joias (f pl) | ոսկերչական իրեր | [voskerčakán irér]
lavandaria (f) | լվացքատուն | [lvatsʰkʰatún]
serviços (m pl) jurídicos | իրավաբանական ծառայություններ | [iravabanakán tsarajutʰjúnnér]
indústria (f) ligeira | թեթև արդյունաբերություն | [tʰetʰév ardjunaberutʰjún]

revista (f) | ամսագիր | [amsagír]
vendas (f pl) por catálogo | գրացուցակով առտուր | [gratsʰutsʰakóv arevtúr]
medicina (f) | բժշկություն | [bʒškutʰjún]
cinema (m) | կինոթատրոն | [kinotʰatrón]
museu (m) | թանգարան | [tʰangarán]

agência (f) de notícias | տեղեկատվական գործակալություն | [teġekatvakán gortsakalutʰjún]
jornal (m) | թերթ | [tʰertʰ]
clube (m) noturno | գիշերային ակումբ | [gišerajín akúmb]
petróleo (m) | նավթ | [navtʰ]

T&P Books. Vocabulário Português-Arménio - 5000 palavras

serviço (m) de encomendas	պատվիրման ծառայություն	[arakʰmán tsarajutʰjún]
indústria (f) farmacêutica	դեղագիտություն	[deġagitutʰjún]
poligrafia (f)	տպագրություն	[tpagrutʰjún]
editora (f)	հրատարակչություն	[hratarakčutʰjún]

rádio (m)	ռադիո	[rádio]
imobiliário (m)	անշարժ գույք	[anšárʒ gújkʰ]
restaurante (m)	ռեստորան	[restorán]

empresa (f) de segurança	անվտանգության գործակալություն	[anvtangutʰján gortsakalutʰjún]
desporto (m)	սպորտ	[sport]
bolsa (f)	բորսա	[bórsa]
loja (f)	խանութ	[χanútʰ]
supermercado (m)	սուպերմարքեթ	[supermarkʰétʰ]
piscina (f)	լողավազան	[loġavazán]

alfaiataria (f)	արվեստանոց	[arvestanótsʰ]
televisão (f)	հեռուստատեսություն	[herustatesutʰjún]
teatro (m)	թատրոն	[tʰatrón]
comércio (atividade)	արևտուր	[arevtúr]
serviços (m pl) de transporte	փոխադրումներ	[pʰoχadrumnér]
viagens (f pl)	զբոսաշրջություն	[zbosašrdʒutʰjún]

veterinário (m)	անասնաբույժ	[anasnabújʒ]
armazém (m)	պահեստ	[pahést]
recolha (f) do lixo	աղբի դուրս հանում	[aġbí dúrs hanúm]

Emprego. Negócios. Parte 2

83. Espetáculo. Feira

feira (f)	ցուցահանդես	[tsʰutsʰahandés]
feira (f) comercial	առևտրական ցուցահանդես	[arevtrajín tsʰutsʰahandés]
participação (f)	մասնակցություն	[masnaktsʰutʰjún]
participar (vi)	մասնակցել	[masnaktsʰél]
participante (m)	մասնակից	[masnakítsʰ]
diretor (m)	տնօրեն	[tnorén]
direção (f)	տնօրինություն	[tnorinutʰjún]
organizador (m)	կազմակերպիչ	[kazmakerpíč]
organizar (vt)	կազմակերպել	[kazmakerpél]
ficha (f) de inscrição	մասնակցության հայտ	[masnaktsʰutʰján hajt]
preencher (vt)	լրացնել	[lratsʰnél]
detalhes (m pl)	մանրամասներ	[manramasnér]
informação (f)	տեղեկատվություն	[teġekatvutʰjún]
preço (m)	գին	[gin]
incluindo	ներառյալ	[nerarjál]
incluir (vt)	ներառել	[nerarél]
pagar (vt)	վճարել	[včarél]
taxa (f) de inscrição	գրանցավճար	[grantsʰavčár]
entrada (f)	մուտք	[mutkʰ]
pavilhão (m)	վաճառասրահ	[vačarasráh]
inscrever (vt)	գրանցել	[grantsʰél]
crachá (m)	բեջ	[bedʒ]
stand (m)	ցուցատախտակ	[tsʰutsʰataχták]
reservar (vt)	նախորոք պատվիրել	[naχorókʰ patvirél]
vitrina (f)	ցուցափեղկ	[tsʰutsʰapʰéġk]
foco, spot (m)	լրացնել	[lratsʰnél]
design (m)	դիզայն	[dizájn]
pôr, colocar (vt)	տեղավորել	[teġavorél]
distribuidor (m)	դիստրիբյուտոր	[distribjutór]
fornecedor (m)	մատակարար	[matakarár]
país (m)	երկիր	[erkír]
estrangeiro	օտարերկրյա	[otarerkrjá]
produto (m)	արդյունաբերական	[aprankʰatesák]
associação (f)	միություն	[miutʰjún]
sala (f) de conferências	կոնֆերանսների դահլիճ	[konferansnerí dahlíč]
congresso (m)	վեհաժողով	[vehaʒoġóv]

T&P Books. Vocabulário Português-Arménio - 5000 palavras

concurso (m)	մրցույթ	[mrtsʰujtʰ]
visitante (m)	հաձախորդ	[hačaxórd]
visitar (vt)	հաձախել	[hačaxél]
cliente (m)	պատվիրատու	[patviratú]

84. Ciência. Investigação. Cientistas

ciência (f)	գիտություն	[gitutʰjún]
científico	գիտական	[gitakán]
cientista (m)	գիտնական	[gitnakán]
teoria (f)	տեսություն	[tesutʰjún]

axioma (m)	աքսիոմ	[akʰsióm]
análise (f)	վերլուծություն	[verlutsutʰjún]
analisar (vt)	վերլուծել	[verlutsél]
argumento (m)	փաստարկ	[pʰastárk]
substância (f)	նյութ	[njutʰ]

hipótese (f)	հիպոտեզ	[hipotéz]
dilema (m)	երկընտրանք	[erkəntránkʰ]
tese (f)	դիսերտացիա	[disertátsʰia]
dogma (m)	դոգմա	[dógma]

doutrina (f)	ուսմունք	[usmúnkʰ]
pesquisa (f)	հետազոտություն	[hetazotutʰjún]
pesquisar (vt)	հետազոտել	[hetazotél]
teste (m)	վերահսկում	[verahskúm]
laboratório (m)	լաբորատորիա	[laboratória]

método (m)	մեթոդ	[metʰód]
molécula (f)	մոլեկուլ	[molekúl]
monitoramento (m)	մոնիթորինգ	[monitʰóring]
descoberta (f)	հայտնագործություն	[hajtnagortsutʰjún]

postulado (m)	կանխադրույթ	[kanxadrújtʰ]
princípio (m)	սկզբունք	[skzbúnkʰ]
prognóstico (previsão)	կանխատեսություն	[kanxatesutʰjún]
prognosticar (vt)	կանխատեսել	[kanxatesél]

síntese (f)	սինթեզ	[sintʰéz]
tendência (f)	միտում	[mitúm]
teorema (m)	թեորեմ	[tʰeorém]

ensinamentos (m pl)	ուսմունք	[usmúnkʰ]
facto (m)	փաստ	[pʰast]
expedição (f)	արշավ	[aršáv]
experiência (f)	գիտափորձ	[gitapʰórdz]

académico (m)	ակադեմիկոս	[akademikós]
bacharel (m)	բակալավր	[bakalávr]
doutor (m)	դոկտոր	[doktór]
docente (m)	դոցենտ	[dotsʰént]
mestre (m)	մագիստրոս	[magistrós]
professor (m) catedrático	պրոֆեսոր	[profesór]

76

Profissões e ocupações

85. Procura de emprego. Demissão

trabalho (m)	աշխատանք	[ašχatánkʰ]
pessoal (m)	աշխատակազմ	[ašχatakázm]
carreira (f)	կարիերա	[karéra]
perspetivas (f pl)	հեռանկար	[herankár]
mestria (f)	վարպետություն	[varpetutʰjún]
seleção (f)	ընտրություն	[əntrutʰjún]
agência (f) de emprego	աշխատանքի տեղավորման գործակալություն	[ašχatankʰí teġavormán gortsakalutʰjún]
CV, currículo (m)	ինքնակենսագրություն	[inkʰnakensagrutʰjún]
entrevista (f) de emprego	հարցազրույց	[hartsʰazrújtsʰ]
vaga (f)	թափուր աշխատատեղ	[tʰapʰúr ašχatatéġ]
salário (m)	աշխատավարձ	[ašχatavárdz]
salário (m) fixo	դրույք	[drujkʰ]
pagamento (m)	վարձավճար	[vardzavčár]
posto (m)	պաշտոն	[paštón]
dever (do empregado)	պարտականություն	[partakanutʰjún]
gama (f) de deveres	շրջանակ	[šrdʒanák]
ocupado	զբաղված	[zbaġváts]
despedir, demitir (vt)	հեռացնել	[heratsʰnél]
demissão (f)	հեռացնում	[heratsʰúm]
desemprego (m)	գործազրկություն	[gortsazrkutʰjún]
desempregado (m)	գործազուրկ	[gortsazúrk]
reforma (f)	թոշակ	[tʰošák]
reformar-se	թոշակի գնալ	[tʰošakí gnál]

86. Gente de negócios

diretor (m)	տնօրեն	[tnorén]
gerente (m)	կառավարիչ	[karavaríč]
patrão, chefe (m)	ղեկավար	[ġekavár]
superior (m)	պետ	[pet]
superiores (m pl)	ղեկավարություն	[ġekavarutʰjún]
presidente (m)	նախագահ	[naχagáh]
presidente (m) de direção	նախագահ	[naχagáh]
substituto (m)	տեղակալ	[teġakál]
assistente (m)	օգնական	[ognakán]

T&P Books. Vocabulário Português-Arménio - 5000 palavras

secretário (m)	քարտուղար	[kʰartuġár]
secretário (m) pessoal	անձնական քարտուղար	[andznakán kʰartuġár]
homem (m) de negócios	գործարար	[gortsarár]
empresário (m)	ձեռներեց	[dzerneréts̪ʰ]
fundador (m)	հիմնադիր	[himnadír]
fundar (vt)	հիմնադրել	[himnadrél]
fundador, sócio (m)	սահմանադրող	[sahmmanadróġ]
parceiro, sócio (m)	գործընկեր	[gortsənkér]
acionista (m)	բաժնետեր	[baʒnetér]
milionário (m)	միլիոնատեր	[milionatér]
bilionário (m)	միլիարդեր	[miliardatér]
proprietário (m)	սեփականատեր	[sepʰakanatér]
proprietário (m) de terras	հողատեր	[hoġatér]
cliente (m)	հաճախորդ	[hačaxórd]
cliente (m) habitual	մշտական հաճախորդ	[mštakán hačaxórd]
comprador (m)	գնորդ	[gnord]
visitante (m)	հաճախորդ	[hačaxórd]
profissional (m)	պրոֆեսիոնալ	[profesionál]
perito (m)	փորձագետ	[pʰordzagét]
especialista (m)	մասնագետ	[masnagét]
banqueiro (m)	բանկատեր	[bankatér]
corretor (m)	բրոկեր	[bróker]
caixa (m, f)	գանձապահ	[gandzapáh]
contabilista (m)	հաշվապահ	[hašvapáh]
guarda (m)	անվտանգության աշխատակից	[anvtangutʰján ašxatakíts̪ʰ]
investidor (m)	ներդրող	[nerdróġ]
devedor (m)	պարտապան	[partapán]
credor (m)	վարկառու	[varkarú]
mutuário (m)	փոխառու	[pʰoxarú]
importador (m)	ներկրող	[nerkróġ]
exportador (m)	արտահանող	[artahanóġ]
produtor (m)	արտադրող	[artadróġ]
distribuidor (m)	դիստրիբյուտոր	[distribjutór]
intermediário (m)	միջնորդ	[miʒnórd]
consultor (m)	խորհրդատու	[xorhrdatú]
representante (m)	ներկայացուցիչ	[nerkajats̪ʰuts̪ʰíč]
agente (m)	գործակալ	[gortsakál]
agente (m) de seguros	ապահովագրական գործակալ	[apahovagrakán gortsakál]

87. Profissões de serviços

cozinheiro (m)	խոհարար	[xoharár]
cozinheiro chefe (m)	շեֆ-խոհարար	[šéf xoharár]

padeiro (m) հացթուխ [hatsʰtʰúx]
barman (m) բարմեն [barmén]
empregado (m) de mesa մատուցող [matutsʰóġ]
empregada (f) de mesa մատուցողուհի [matutsʰoġuhí]

advogado (m) փաստաբան [pʰastabán]
jurista (m) իրավաբան [iravabán]
notário (m) նոտար [notár]

eletricista (m) մոնտյոր [montjor]
canalizador (m) սանտեխնիկ [santexník]
carpinteiro (m) ատաղձագործ [ataġdzagórts]

massagista (m) մերսող [mersóġ]
massagista (f) մերսող [mersóġ]
médico (m) բժիշկ [bʒišk]

taxista (m) տակսու վարորդ [taksú varórd]
condutor (automobilista) վարորդ [varórd]
entregador (m) առաքիչ [arakʰíč]

camareira (f) սպասավորուհի [spasavoruhí]
guarda (m) անվտանգության աշխատակից [anvtangutʰján ašxatakítsʰ]
hospedeira (f) de bordo ուղեկցորդուհի [uġektsʰorduhí]

professor (m) ուսուցիչ [usutsʰíč]
bibliotecário (m) գրադարանավար [gradaranavár]
tradutor (m) թարգմանիչ [tʰargmaníč]
intérprete (m) թարգմանիչ [tʰargmaníč]
guia (pessoa) գիդ [gid]

cabeleireiro (m) վարսահարդար [varsahardár]
carteiro (m) փոստատար [pʰostatár]
vendedor (m) վաճառող [vačaróġ]

jardineiro (m) այգեպան [ajgepán]
criado (m) աղախին [aġaxín]
criada (f) աղախին [aġaxín]
empregada (f) de limpeza հավաքարար [havakʰarár]

88. Profissões militares e postos

soldado (m) raso շարքային [šarkʰajín]
sargento (m) սերժանտ [serʒánt]
tenente (m) լեյտենանտ [lejtenánt]
capitão (m) կապիտան [kapitán]

major (m) մայոր [majór]
coronel (m) գնդապետ [gndapét]
general (m) գեներալ [generál]
marechal (m) մարշալ [maršál]
almirante (m) ադմիրալ [admirál]
militar (m) զինվորական [zinvorakán]

soldado (m)	զինվոր	[zinvór]
oficial (m)	սպա	[spa]
comandante (m)	հրամանատար	[hramanatár]

guarda (m) fronteiriço	սահմանապահ	[sahmanapáh]
operador (m) de rádio	ռադիոկապավոր	[radiokapavór]
explorador (m)	հետախույզ	[hetaχújz]
sapador (m)	սակրավոր	[sakravór]
atirador (m)	հրաձիգ	[hradzíg]
navegador (m)	ղեկապետ	[ġekapét]

89. Oficiais. Padres

| rei (m) | թագավոր | [tʰagavór] |
| rainha (f) | թագուհի | [tʰaguhí] |

| príncipe (m) | արքայազն | [arkʰajázn] |
| princesa (f) | արքայադուստր | [arkʰajadústr] |

| czar (m) | թագավոր | [tʰagavór] |
| czarina (f) | թագուհի | [tʰaguhí] |

presidente (m)	նախագահ	[naχagáh]
ministro (m)	նախարար	[naχarár]
primeiro-ministro (m)	վարչապետ	[varčapét]
senador (m)	սենատոր	[senatór]

diplomata (m)	դիվանագետ	[divanagét]
cônsul (m)	հյուպատոս	[hjupatós]
embaixador (m)	դեսպան	[despán]
conselheiro (m)	խորհրդական	[χorhrdakán]

funcionário (m)	պետական պաշտոնյա	[petakán paštonjá]
prefeito (m)	ոստիկանապետ	[vostikanapét]
Presidente (m) da Câmara	քաղաքապետ	[kʰaġakapét]

| juiz (m) | դատավոր | [datavór] |
| procurador (m) | դատախազ | [dataχáz] |

missionário (m)	միսիոներ	[misionér]
monge (m)	վանական	[vanakán]
abade (m)	աբբատ	[abbát]
rabino (m)	ռավվին	[ravvín]

vizir (m)	վեզիր	[vezír]
xá (m)	շահ	[šah]
xeque (m)	շեյխ	[šejχ]

90. Profissões agrícolas

| apicultor (m) | մեղվապահ | [meġvapáh] |
| pastor (m) | հովիվ | [hovív] |

T&P Books. Vocabulário Português-Arménio - 5000 palavras

agrónomo (m)	ագրոնոմ	[agronóm]
criador (m) de gado	անասնաբույծ	[anasnabújts]
veterinário (m)	անասնաբույժ	[anasnabújʒ]
agricultor (m)	ֆերմեր	[fermér]
vinicultor (m)	գինեգործ	[ginegórts]
zoólogo (m)	կենդանաբան	[kendanabán]
cowboy (m)	կովբոյ	[kovbój]

91. Profissões artísticas

ator (m)	դերասան	[derasán]
atriz (f)	դերասանուհի	[derasanuhí]
cantor (m)	երգիչ	[ergíč]
cantora (f)	երգչուհի	[ergčuhí]
bailarino (m)	պարող	[paróġ]
bailarina (f)	պարուհի	[paruhí]
artista (m)	դերասան	[derasán]
artista (f)	դերասանուհի	[derasanuhí]
músico (m)	երաժիշտ	[eraʒíšt]
pianista (m)	դաշնակահար	[dašnakahár]
guitarrista (m)	կիթառահար	[kitʰarahár]
maestro (m)	դիրիժոր	[diriʒor]
compositor (m)	կոմպոզիտոր	[kompozitór]
empresário (m)	իմպրեսարիո	[impresário]
realizador (m)	ռեժիսոր	[reʒisjor]
produtor (m)	պրոդյուսեր	[prodjusér]
argumentista (m)	սցենարի հեղինակ	[stsʰenarí heġinák]
crítico (m)	քննադատ	[kʰnnadát]
escritor (m)	գրող	[groġ]
poeta (m)	բանաստեղծ	[banastéġts]
escultor (m)	քանդակագործ	[kʰandakagórts]
pintor (m)	նկարիչ	[nkaríč]
malabarista (m)	ձեռնածու	[dzernatsú]
palhaço (m)	ծաղրածու	[tsaġratsú]
acrobata (m)	ակրոբատ	[akrobát]
mágico (m)	աճպարար	[ačparár]

92. Várias profissões

médico (m)	բժիշկ	[bʒišk]
enfermeira (f)	բուժքույր	[buʒkʰújr]
psiquiatra (m)	հոգեբույժ	[hogebújʒ]
estomatologista (m)	ատամնաբույժ	[atamnabújʒ]

81

T&P Books. Vocabulário Português-Arménio - 5000 palavras

cirurgião (m)	վիրաբույժ	[virabújʒ]
astronauta (m)	աստղանավորդ	[astġanavórd]
astrónomo (m)	աստղագետ	[astġagét]
piloto (m)	օդաչու	[odačú]

motorista (m)	վարորդ	[varórd]
maquinista (m)	մեքենավար	[mekʰenavár]
mecânico (m)	մեխանիկ	[meχaník]

mineiro (m)	հանքափոր	[hankʰapʰór]
operário (m)	բանվոր	[banvór]
serralheiro (m)	փականագործ	[pʰakanagórts]
marceneiro (m)	ատաղձագործ	[ataġdzagórts]
torneiro (m)	խառատ	[χarát]
construtor (m)	շինարար	[šinarár]
soldador (m)	զոդագործ	[zodagórts]

professor (m) catedrático	պրոֆեսոր	[profesór]
arquiteto (m)	ճարտարապետ	[čartarapét]
historiador (m)	պատմաբան	[patmabán]
cientista (m)	գիտնական	[gitnakán]
físico (m)	ֆիզիկոս	[fizikós]
químico (m)	քիմիկոս	[kʰimikós]

arqueólogo (m)	հնագետ	[hnagét]
geólogo (m)	երկրաբան	[erkrabán]
pesquisador (cientista)	հետազոտող	[hetazotóġ]

| babysitter (f) | դայակ | [daják] |
| professor (m) | մանկավարժ | [mankavárʒ] |

redator (m)	խմբագիր	[χmbagír]
redator-chefe (m)	գլխավոր խմբագիր	[glχavór χmbagír]
correspondente (m)	թղթակից	[tʰġtʰakítsʰ]
datilógrafa (f)	մեքենագրուհի	[mekʰenagruhí]

designer (m)	դիզայներ	[dizajnér]
especialista (m) em informática	համակարգչի մասնագետ	[hamakargčí masnagét]
programador (m)	ծրագրավորող	[tsragravoróġ]
engenheiro (m)	ինժեներ	[inʒenér]

marujo (m)	ծովային	[tsovajín]
marinheiro (m)	նավաստի	[navastí]
salvador (m)	փրկարար	[pʰrkarár]

bombeiro (m)	հրշեջ	[hršedʒ]
polícia (m)	ոստիկան	[vostikán]
guarda-noturno (m)	պահակ	[pahák]
detetive (m)	խուզարկու	[χuzarkú]

funcionário (m) da alfândega	մաքսավոր	[makʰsavór]
guarda-costas (m)	թիկնապահ	[tʰiknapáh]
guarda (m) prisional	պահակ	[pahák]
inspetor (m)	տեսուչ	[tesúč]
desportista (m)	մարզիկ	[marzík]

treinador (m)	մարզիչ	[marzíč]
talhante (m)	մսավաճառ	[msavačár]
sapateiro (m)	կոշկակար	[koškakár]
comerciante (m)	առևտրական	[arevtrakán]
carregador (m)	բեռնակիր	[bernakír]
estilista (m)	մոդելյեր	[modelér]
modelo (f)	մոդել	[modél]

93. Ocupações. Estatuto social

aluno, escolar (m)	աշակերտ	[ačakért]
estudante (~ universitária)	ուսանող	[usanóg]
filósofo (m)	փիլիսոփա	[pʰilisopá]
economista (m)	տնտեսագետ	[tntesagét]
inventor (m)	գյուտարար	[gjutarár]
desempregado (m)	գործազուրկ	[gortsazúrk]
reformado (m)	թոշակառու	[tʰošakarú]
espião (m)	լրտես	[lrtes]
preso (m)	բանտարկյալ	[bantarkjál]
grevista (m)	գործադուլավոր	[gortsadulavór]
burocrata (m)	բյուրոկրատ	[bjurokrát]
viajante (m)	ճանապարհորդ	[čanaparhórd]
homossexual (m)	համասեռամոլ	[hamaseramól]
hacker (m)	խակեր	[χakér]
bandido (m)	ավազակ	[avazák]
assassino (m) a soldo	վարձու մարդասպան	[vardzú mardaspán]
toxicodependente (m)	թմրամոլ	[tʰmramól]
traficante (m)	թմրավաճառ	[tʰmravačár]
prostituta (f)	պոռնիկ	[porník]
chulo (m)	կավատ	[kavát]
bruxo (m)	կախարդ	[kaχárd]
bruxa (f)	կախարդուհի	[kaχarduhí]
pirata (m)	ծովահեն	[tsovahén]
escravo (m)	ստրուկ	[struk]
samurai (m)	սամուրայ	[samuráj]
selvagem (m)	վայրագ	[vajrág]

Educação

94. Escola

escola (f)	դպրոց	[dprotsʰ]
diretor (m) de escola	դպրոցի տնօրեն	[dprotsʰí tnorén]
aluno (m)	աշակերտ	[ašakért]
aluna (f)	աշակերտուհի	[ašakertuhí]
escolar (m)	աշակերտ	[ašakért]
escolar (f)	դպրոցական	[dprotsʰakán]
ensinar (vt)	դասավանդել	[dasavandél]
aprender (vt)	սովորել	[sovorél]
aprender de cor	անգիր անել	[angír anél]
estudar (vi)	սովորել	[sovorél]
andar na escola	սովորել	[sovorél]
ir à escola	դպրոց գնալ	[dprótsʰ gnal]
alfabeto (m)	այբուբեն	[ajbubén]
disciplina (f)	առարկա	[ararká]
sala (f) de aula	դասարան	[dasarán]
lição (f)	դաս	[das]
recreio (m)	դասամիջոց	[dasamidʒótsʰ]
toque (m)	զանգ	[zang]
carteira (f)	դասասեղան	[dasaseğán]
quadro (m) negro	գրատախտակ	[grataxták]
nota (f)	թվանշան	[tʰvanšán]
boa nota (f)	լավ թվանշան	[lav tʰvanšán]
nota (f) baixa	վատ թվանշան	[vat tʰvanšán]
dar uma nota	թվանշան նշանակել	[tʰvanšán nšanakél]
erro (m)	սխալ	[sxal]
fazer erros	սխալներ թույլ տալ	[sxalnér tʰujl tal]
corrigir (vt)	ուղղել	[uġġél]
cábula (f)	ծածկաթերթիկ	[tsatskatʰertík]
dever (m) de casa	տնային առաջադրանք	[tnajín aradʒadránkʰ]
exercício (m)	վարժություն	[varʒutʰjún]
estar presente	ներկա լինել	[nerká linél]
estar ausente	բացակայել	[batsʰakaél]
punir (vt)	պատժել	[patʒél]
punição (f)	պատիժ	[patíʒ]
comportamento (m)	վարք	[varkʰ]

boletim (m) escolar	օրագիր	[oragír]
lápis (m)	մատիտ	[matít]
borracha (f)	ռետին	[retín]
giz (m)	կավիճ	[kavíč]
estojo (m)	գրչատուփ	[grčatúpʰ]

pasta (f) escolar	դասապայուսակ	[dasapajusák]
caneta (f)	գրիչ	[grič]
caderno (m)	տետր	[tetr]
manual (m) escolar	դասագիրք	[dasagírkʰ]
compasso (m)	կարկին	[karkín]

traçar (vt)	գծագրել	[gtsagrél]
desenho (m) técnico	գծագիր	[gtsagír]

poesia (f)	բանաստեղծություն	[banasteǵtsutʰjún]
de cor	անգիր	[angír]
aprender de cor	անգիր անել	[angír anél]

férias (f pl)	արձակուրդներ	[ardzakurdnér]
estar de férias	արձակուրդների մեջ լինել	[ardzakurdnerí médʒ linél]

teste (m)	ստուգողական աշխատանք	[stugoǵakánašχatánkʰ]
composição, redação (f)	շարադրություն	[šaradrutʰjún]
ditado (m)	թելադրություն	[tʰeladrutʰjún]

exame (m)	քննություն	[kʰnnutʰjún]
fazer exame	քննություն հանձնել	[kʰnnutʰjún handznél]
experiência (~ química)	փորձ	[pʰordz]

95. Colégio. Universidade

academia (f)	ակադեմիա	[akadémia]
universidade (f)	համալսարան	[hamalsarán]
faculdade (f)	ֆակուլտետ	[fakultét]

estudante (m)	ուսանող	[usanóǵ]
estudante (f)	ուսանողուհի	[usanoǵuhí]
professor (m)	դասախոս	[dasaχós]

sala (f) de palestras	լսարան	[lsarán]
graduado (m)	շրջանավարտ	[šrdʒanavárt]

diploma (m)	դիպլոմ	[diplóm]
tese (f)	դիսերտացիա	[disertátsʰia]

estudo (obra)	հետազոտություն	[hetazotutʰjún]
laboratório (m)	լաբորատորիա	[laboratória]

palestra (f)	դասախոսություն	[dasaχosutʰjún]
colega (m) de curso	համակուրսեցի	[hamakursetsʰí]

bolsa (f) de estudos	կրթաթոշակ	[krtʰatʰošák]
grau (m) académico	գիտական աստիճան	[gitakán astičán]

96. Ciências. Disciplinas

matemática (f)	մաթեմատիկա	[matʰemátika]
álgebra (f)	հանրահաշիվ	[hanrahašív]
geometria (f)	երկրաչափություն	[erkračapʰutʰjún]

astronomia (f)	աստղագիտություն	[astgagitutʰjún]
biologia (f)	կենսաբանություն	[kensabanutʰjún]
geografia (f)	աշխարհագրություն	[ašχarhagrutʰjún]
geologia (f)	երկրաբանություն	[erkrabanutʰjún]
história (f)	պատմություն	[patmutʰjún]

medicina (f)	բժշկություն	[bʒškutʰjún]
pedagogia (f)	մանկավարժություն	[mankavarʒutʰjún]
direito (m)	իրավունք	[iravúnkʰ]

física (f)	ֆիզիկա	[fízika]
química (f)	քիմիա	[kʰímia]
filosofia (f)	փիլիսոփայություն	[pʰilisopajutʰjún]
psicologia (f)	հոգեբանություն	[hogebanutʰjún]

97. Sistema de escrita. Ortografia

gramática (f)	քերականություն	[kʰerakanutʰjún]
vocabulário (m)	բառագիտություն	[baragitutʰjún]
fonética (f)	հնչյունաբանություն	[hnčjunabanutʰjún]

substantivo (m)	գոյական	[gojakán]
adjetivo (m)	ածական	[atsakán]
verbo (m)	բայ	[baj]
advérbio (m)	մակբայ	[makbáj]

pronome (m)	դերանուն	[deranún]
interjeição (f)	ձայնարկություն	[dzajnarkutʰjún]
preposição (f)	նախդիր	[naχdír]

raiz (f) da palavra	արմատ	[armát]
terminação (f)	վերջավորություն	[verdʒavorutʰjún]
prefixo (m)	նախածանց	[naχatsántsʰ]
sílaba (f)	վանկ	[vank]
sufixo (m)	վերջածանց	[verdʒatsántsʰ]

| acento (m) | շեշտ | [šešt] |
| apóstrofo (m) | ապաթարց | [apatʰártsʰ] |

ponto (m)	վերջակետ	[verdʒakét]
vírgula (f)	ստորակետ	[storakét]
ponto e vírgula (m)	միջակետ	[midʒakét]
dois pontos (m pl)	բութ	[butʰ]
reticências (f pl)	բազմակետ	[bazmakét]

| ponto (m) de interrogação | հարցական նշան | [hartsʰakán nšán] |
| ponto (m) de exclamação | բացականչական նշան | [batsʰakančakán nšán] |

aspas (f pl)	չակերտներ	[čakertnér]
entre aspas	չակերտների մեջ	[čakertnerí médʒ]
parênteses (m pl)	փակագծեր	[pʰakagtsér]
entre parênteses	փակագծերի մեջ	[pʰakagtserí medʒ]
hífen (m)	միացման գիծ	[miatsʰmán gits]
travessão (m)	անջատման գիծ	[andʒatmán gíts]
espaço (m)	բաց	[batsʰ]
letra (f)	տառ	[tar]
letra (f) maiúscula	մեծատառ	[metsatár]
vogal (f)	ձայնավոր	[dzajnavór]
consoante (f)	բաղաձայն	[baġadzájn]
frase (f)	նախադասություն	[naχadasutʰjún]
sujeito (m)	ենթակա	[entʰaká]
predicado (m)	ստորոգյալ	[storogjál]
linha (f)	տող	[toġ]
em uma nova linha	նոր տողից	[nor toġítsʰ]
parágrafo (m)	պարբերություն	[parberutʰjún]
palavra (f)	բառ	[bar]
grupo (m) de palavras	բառակապակցություն	[barakapaktsʰutʰjún]
expressão (f)	արտահայտություն	[artahajtutʰjún]
sinónimo (m)	հոմանիշ	[homaníš]
antónimo (m)	հականիշ	[hakaníš]
regra (f)	կանոն	[kanón]
exceção (f)	բացառություն	[batsʰarutʰjún]
correto	ճիշտ	[čišt]
conjugação (f)	խոնարհում	[χonarhúm]
declinação (f)	հոլովում	[holovúm]
caso (m)	հոլով	[holóv]
pergunta (f)	հարց	[hartsʰ]
sublinhar (vt)	ընդգծել	[əndgtsél]
linha (f) pontilhada	կետագիծ	[ketagíts]

98. Línguas estrangeiras

língua (f)	լեզու	[lezú]
língua (f) estrangeira	օտար լեզու	[otár lezú]
estudar (vt)	ուսումնասիրել	[usumnasirél]
aprender (vt)	սովորել	[sovorél]
ler (vt)	կարդալ	[kardál]
falar (vi)	խոսել	[χosél]
compreender (vt)	հասկանալ	[haskanál]
escrever (vt)	գրել	[grel]
rapidamente	արագ	[arág]
devagar	դանդաղ	[dandáġ]

T&P Books. Vocabulário Português-Arménio - 5000 palavras

fluentemente	աղատ	[azát]
regras (f pl)	կանն	[kanón]
gramática (f)	քերականություն	[kʰerakanutʰjún]
vocabulário (m)	բառագիտություն	[baragitutʰjún]
fonética (f)	հնչյունաբանություն	[hnčjunabanutʰjún]

manual (m) escolar	դասագիրք	[dasagírkʰ]
dicionário (m)	բառարան	[bararán]
manual (m) de autoaprendizagem	ինքնուսույց	[inkʰnusújtsʰ]
guia (m) de conversação	զրուցարան	[zrutsʰarán]

cassete (f)	ձայներիզ	[dzajneríz]
vídeo cassete (m)	տեսաերիզ	[tesaeríz]
CD (m)	խտասկավառակ	[xtaskavarák]
DVD (m)	DVD-սկավառակ	[dividí skavarák]

alfabeto (m)	այբուբեն	[ajbubén]
soletrar (vt)	տառերով արտասանել	[tareróv artasanél]
pronúncia (f)	արտասանություն	[artasanutʰjún]

sotaque (m)	ակցենտ	[aktsʰént]
com sotaque	ակցենտով	[aktsʰentóv]
sem sotaque	առանց ակցենտ	[arántsʰ aktsʰént]

| palavra (f) | բառ | [bar] |
| sentido (m) | իմաստ | [imást] |

cursos (m pl)	դասընթաց	[dasəntʰátsʰ]
inscrever-se (vr)	գրանցվել	[grantsʰvél]
professor (m)	ուսուցիչ	[usutsʰíč]

tradução (processo)	թարգմանություն	[tʰargmanutʰjún]
tradução (texto)	թարգմանություն	[tʰargmanutʰjún]
tradutor (m)	թարգմանիչ	[tʰargmaníč]
intérprete (m)	թարգմանիչ	[tʰargmaníč]

| poliglota (m) | պոլիգլոտ | [poliglót] |
| memória (f) | հիշողություն | [hišogutʰjún] |

88

Descanso. Entretenimento. Viagens

99. Viagens

turismo (m)	զբոսաշրջություն	[zbosašrdʒutʰjún]
turista (m)	զբոսաշրջիկ	[zbosašrdʒík]
viagem (f)	ճանապարհորդություն	[čanaparhordutʰjún]
aventura (f)	արկած	[arkáts]
viagem (f)	ուղևորություն	[uġevorutʰjún]
férias (f pl)	արձակուրդ	[ardzakúrd]
estar de férias	արձակուրդի մեջ լինել	[ardzakurdí médʒ linél]
descanso (m)	հանգիստ	[hangíst]
comboio (m)	գնացք	[gnatsʰkʰ]
de comboio (chegar ~)	գնացքով	[gnatsʰkʰóv]
avião (m)	ինքնաթիռ	[inkʰnatʰír]
de avião	ինքնաթիռով	[inkʰnatʰiróv]
de carro	ավտոմեքենայով	[avtomekʰenajóv]
de navio	նավով	[navóv]
bagagem (f)	ուղեբեռ	[uġebér]
mala (f)	ճամպրուկ	[čamprúk]
carrinho (m)	սայլակ	[sajlák]
passaporte (m)	անձնագիր	[andznagír]
visto (m)	վիզա	[víza]
bilhete (m)	տոմս	[toms]
bilhete (m) de avião	ավիատոմս	[aviatóms]
guia (m) de viagem	ուղեցույց	[uġetsʰújtsʰ]
mapa (m)	քարտեզ	[kʰartéz]
local (m), area (f)	տեղանք	[teġánkʰ]
lugar, sítio (m)	տեղ	[teġ]
exotismo (m)	էկզոտիկա	[ēkzótika]
exótico	էկզոտիկ	[ēkzotík]
surpreendente	զարմանահրաշ	[zarmanahráš]
grupo (m)	խումբ	[xumb]
excursão (f)	էքսկուրսիա	[ēkʰskúrsia]
guia (m)	էքսկուրսավար	[ēkʰskursavár]

100. Hotel

hotel (m)	հյուրանոց	[hjuranótsʰ]
motel (m)	մոթել	[motʰél]
três estrelas	երեք աստղանի	[erékʰ astġaní]

T&P Books. Vocabulário Português-Arménio - 5000 palavras

| cinco estrelas | հինգ աստղանի | [hing astġaní] |
| ficar (~ num hotel) | կանգ առնել | [káng arnél] |

quarto (m)	համար	[hamár]
quarto (m) individual	մեկտեղանի համար	[mekteġaní hamár]
quarto (m) duplo	երկտեղանի համար	[erkteġaní hamár]
reservar um quarto	համար ամրագրել	[hamár amragrél]

| meia pensão (f) | կիսագիշերոթիկ | [kisagišerot^hík] |
| pensão (f) completa | լրիվ գիշերոթիկ | [lrív gišerot^hík] |

com banheira	լոգարանով	[logaranóv]
com duche	դուշով	[dušóv]
televisão (m) satélite	արբանյակային հեռուստատեսություն	[arbanjakajín herustatesut^hjún]
ar (m) condicionado	օդորակիչ	[odorakíč]
toalha (f)	սրբիչ	[srbič]
chave (f)	բանալի	[banalí]

administrador (m)	ադմինիստրատոր	[administrátor]
camareira (f)	սպասավորուհի	[spasavoruhí]
bagageiro (m)	բեռնակիր	[bernakír]
porteiro (m)	դռնապահ	[drnapáh]

restaurante (m)	ռեստորան	[restorán]
bar (m)	բար	[bar]
pequeno-almoço (m)	նախաճաշ	[naxačáš]
jantar (m)	ընթրիք	[ənt^hrík^h]
buffet (m)	շվեդական սեղան	[švedakán seġán]

elevador (m)	վերելակ	[verelák]
NÃO PERTURBE	ՉԱՆՀԱՆԳՍՏԱՑՆԵԼ	[čanhangstats^hnél]
PROIBIDO FUMAR!	ՉԾԽԵԼ	[čtsχél!]

EQUIPAMENTO TÉCNICO. TRANSPORTES

Equipamento técnico. Transportes

101. Computador

computador (m)	համակարգիչ	[hamakargíč]
portátil (m)	նոութբուք	[nouthbúkh]
ligar (vt)	միացնել	[miatshnél]
desligar (vt)	անջատել	[andzatél]
teclado (m)	ստեղնաշար	[steġnašár]
tecla (f)	ստեղն	[steġn]
rato (m)	մուկ	[muk]
tapete (m) de rato	գորգ	[gorg]
botão (m)	կոճակ	[kočák]
cursor (m)	սլաք	[slakh]
monitor (m)	մոնիտոր	[monitór]
ecrã (m)	էկրան	[ēkrán]
disco (m) rígido	կոշտ սկավառակակիր	[košt skavarakakír]
capacidade (f) do disco rígido	կոշտ սկավառակրի ծավալը	[košt skavarakakrí tsaválə]
memória (f)	հիշողություն	[hišoġuthjún]
memória RAM (f)	օպերատիվ հիշողություն	[operatív hišoġuthjún]
ficheiro (m)	ֆայլ	[fajl]
pasta (f)	թղթապանակ	[thġthapanák]
abrir (vt)	բացել	[batshél]
fechar (vt)	փակել	[phakél]
guardar (vt)	գրանցել	[grantshél]
apagar, eliminar (vt)	հեռացնել	[heratshnél]
copiar (vt)	պատճենել	[patčenél]
ordenar (vt)	սորտավորել	[sortavorél]
copiar (vt)	արտատպել	[artatpél]
programa (m)	ծրագիր	[tsragír]
software (m)	ծրագրային ապահովում	[tsragrajín apahovúm]
programador (m)	ծրագրավորող	[tsragravoróġ]
programar (vt)	ծրագրավորել	[tsragravorél]
hacker (m)	խակեր	[χakér]
senha (f)	անցագիր	[antshagír]
vírus (m)	վիրուս	[virús]
detetar (vt)	հայտնաբերել	[hajtnaberél]
byte (m)	բայտ	[bajt]

megabyte (m) — մեգաբայտ — [megabájt]
dados (m pl) — տվյալներ — [tvjalnér]
base (f) de dados — տվյալների բազա — [tvjalnerí báza]

cabo (m) — մալուխ — [malúx]
desconectar (vt) — անջատել — [andʒatél]
conetar (vt) — միացնել — [miatsʰnél]

102. Internet. E-mail

internet (f) — ինտերնետ — [internét]
browser (m) —ցանցախույզ — [tsʰantsʰaχújz]
motor (m) de busca — որոնիչ համակարգ — [voroníč hamakárg]
provedor (m) — պրովայդեր — [provajdér]

webmaster (m) — վեբ-մաստեր — [veb máster]
website, sítio web (m) — ինտերնետային կայք — [internetajín kajkʰ]
página (f) web — ինտերնետային էջ — [internetajín ēdʒ]

endereço (m) — հասցե — [hastsʰé]
livro (m) de endereços — հասցեների գրքույկ — [hastsʰenerí grkʰújk]

caixa (f) de correio — փոստարկղ — [pʰostárkġ]
correio (m) — փոստ — [pʰost]

mensagem (f) — հաղորդագրություն — [haġordagrutʰjún]
remetente (m) — ուղարկող — [uġarkóġ]
enviar (vt) — ուղարկել — [uġarkél]
envio (m) — ուղարկում — [uġarkúm]

destinatário (m) — ստացող — [statsʰóġ]
receber (vt) — ստանալ — [stanál]

correspondência (f) — նամակագրություն — [namakagrutʰjún]
corresponder-se (vr) — նամակագրական կապի մեջ լինել — [namakagrakán kapí médʒ linél]

ficheiro (m) — ֆայլ — [fajl]
fazer download, baixar — քաշել — [kʰašél]
criar (vt) — ստեղծել — [steġtsél]
apagar, eliminar (vt) — հեռացնել — [heratsʰnél]
eliminado — հեռացված — [heratsʰváts]

conexão (f) — կապ — [kap]
velocidade (f) — արագություն — [aragutʰjún]
modem (m) — մոդեմ — [modém]
acesso (m) — մուտք — [mutkʰ]
porta (f) — մուտ — [mut]

conexão (f) — միացում — [miatsʰúm]
conetar (vi) — միանալ — [mianál]

escolher (vt) — ընտրել — [əntrél]
buscar (vt) — փնտրել — [pʰntrel]

103. Eletricidade

eletricidade (f)	էլեկտրականություն	[ēlektrakanutʰjún]
elétrico	էլեկտրական	[ēlektrakán]
central (f) elétrica	էլեկտրակայան	[ēlektrakaján]
energia (f)	էներգիա	[ēnérgia]
energia (f) elétrica	էլեկտրաէներգիա	[ēlektraēnérgia]

lâmpada (f)	լամպ	[lamp]
lanterna (f)	լապտեր	[laptér]
poste (m) de iluminação	լուսարձակ	[lusardzák]

luz (f)	լույս	[lujs]
ligar (vt)	միացնել	[miatsʰnél]
desligar (vt)	անջատել	[andʒatél]
apagar a luz	լույսը հանգցնել	[lújsə hangtsʰnél]

fundir (vi)	վառվել	[varél]
curto-circuito (m)	կարճ միացում	[karč miatsʰúm]
rutura (f)	կտրվածք	[ktrvatskʰ]
contacto (m)	միացում	[miatsʰúm]

interruptor (m)	անջատիչ	[andʒatíč]
tomada (f)	վարդակ	[vardák]
ficha (f)	խրոց	[xrotsʰ]
extensão (f)	երկարացուցիչ	[erkaratsʰutsʰíč]

fusível (m)	ապահովիչ	[apahovíč]
fio, cabo (m)	լար	[lar]
instalação (f) elétrica	էլեկտրացանց	[ēlektratsʰántsʰ]

ampere (m)	ամպեր	[ampér]
amperagem (f)	հոսանքի ուժը	[hosankʰí úʒə]
volt (m)	վոլտ	[volt]
voltagem (f)	լարում	[larúm]

aparelho (m) elétrico	էլեկտրական սարք	[ēlektrakán sárkʰ]
indicador (m)	ինդիկատոր	[indikátor]

eletricista (m)	էլեկտրիկ	[ēlektrík]
soldar (vt)	զոդել	[zodél]
ferro (m) de soldar	զոդիչ	[zodíč]
corrente (f) elétrica	հոսանք	[hosánkʰ]

104. Ferramentas

ferramenta (f)	գործիք	[gortsíkʰ]
ferramentas (f pl)	գործիքներ	[gortsikʰnér]
equipamento (m)	սարքավորում	[sarkʰavorúm]

martelo (m)	մուրճ	[murč]
chave (f) de fendas	պտուտակահան	[ptutakahán]
machado (m)	կացին	[katsʰín]

T&P Books. Vocabulário Português-Arménio - 5000 palavras

serra (f)	սղոց	[sġotsʰ]
serrar (vt)	սղոցել	[sġotsʰél]
plaina (f)	ռանդ	[rand]
aplainar (vt)	ռանդել	[randél]
ferro (m) de soldar	զոդիչ	[zodíč]
soldar (vt)	զոդել	[zodél]

lima (f)	խարտոց	[xartótsʰ]
tenaz (f)	ունելի	[unelí]
alicate (m)	տափակաբերան աքցան	[tapʰakaberán akʰtsʰán]
formão (m)	դուր	[dur]

broca (f)	գայլիկոն	[gajlikón]
berbequim (f)	շաղափիչ	[šaġapʰíč]
furar (vt)	գայլիկոնել	[gajlikonél]

faca (f)	դանակ	[danák]
lâmina (f)	շեղբ	[šeġb]

afiado	սուր	[sur]
cego	բութ	[butʰ]
embotar-se (vr)	բթանալ	[btʰanál]
afiar, amolar (vt)	սրել	[srel]

parafuso (m)	հեղույս	[heġújs]
porca (f)	պտուտակամեր	[ptutakamér]
rosca (f)	պարուրակ	[parurák]
parafuso (m) para madeira	պտուտամեխ	[ptutaméx]

prego (m)	մեխ	[mex]
cabeça (f) do prego	գլուխ	[glux]

régua (f)	քանոն	[kʰanón]
fita (f) métrica	չափերիզ	[čapʰeríz]
nível (m)	մակարդակ	[makardák]
lupa (f)	խոշորացույց	[xošoratsʰújtsʰ]

medidor (m)	չափող գործիք	[čapʰóġ gortsíkʰ]
medir (vt)	չափել	[čapʰél]
escala (f)	սանդղակ	[sandġák]
indicação (f), registo (m)	ցուցմունք	[tsʰutsʰmúnkʰ]

compressor (m)	կոմպրեսոր	[kompresór]
microscópio (m)	մանրադիտակ	[manraditák]

bomba (f)	պոմպ	[pomp]
robô (m)	ռոբոտ	[robót]
laser (m)	լազեր	[lazér]

chave (f) de boca	մանեկադարձակ	[manekadardzák]
fita (f) adesiva	կպչուն ժապավեն	[kpčún ʒapavén]
cola (f)	սոսինձ	[sosíndz]

lixa (f)	շուշատուղթ	[šušatʰúġtʰ]
mola (f)	զսպանակ	[zspanák]
íman (m)	մագնիս	[magnís]

luvas (f pl)	ձեռնոցներ	[dzernotsʰnér]
corda (f)	պարան	[parán]
cordel (m)	արասան	[arasán]
fio (m)	լար	[lar]
cabo (m)	մալուխ	[malúχ]

marreta (f)	կռան	[kran]
pé de cabra (m)	լինգ	[ling]
escada (f) de mão	աստիճան	[astičán]
escadote (m)	աստիճան	[astičán]

enroscar (vt)	պտուտակել, ձգել	[ptutakél, dzgel]
desenroscar (vt)	ետ պտտացնել	[et pttatsʰnél]
apertar (vt)	սեղմել	[seġmél]
colar (vt)	կպցնել	[kptsʰnel]
cortar (vt)	կտրել	[ktrel]

falha (mau funcionamento)	անսարքություն	[ansarkʰutʰjún]
conserto (m)	նորոգում	[norogúm]
consertar, reparar (vt)	վերանորոգել	[veranorogél]
regular, ajustar (vt)	կարգավորել	[kargavorél]

verificar (vt)	ստուգել	[stugél]
verificação (f)	ստուգում	[stugúm]
indicação (f), registo (m)	ցուցմունք	[tsʰutsʰmúnkʰ]

| seguro | հուսալի | [husalí] |
| complicado | բարդ | [bard] |

enferrujar (vi)	ժանգոտել	[ʒangotél]
enferrujado	ժանգոտ	[ʒangót]
ferrugem (f)	ժանգ	[ʒang]

T&P Books. Vocabulário Português-Arménio - 5000 palavras

Transportes

105. Avião

avião (m)	ինքնաթիռ	[inkʰnatʰír]
bilhete (m) de avião	ավիատոմս	[aviatóms]
companhia (f) aérea	ավիաընկերություն	[aviaənkerutʰjún]
aeroporto (m)	օդանավակայան	[odanavakaján]
supersónico	գերձայնային	[gerdzajnajín]
comandante (m) do avião	օդանավի հրամանատար	[odanaví hramanatár]
tripulação (f)	անձնակազմ	[andznakázm]
piloto (m)	օդաչու	[odačú]
hospedeira (f) de bordo	ուղեկցորդուհի	[uġektsʰorduhí]
copiloto (m)	ղեկավար	[ġekapét]
asas (f pl)	թևեր	[tʰevér]
cauda (f)	պոչ	[poč]
cabine (f) de pilotagem	խցիկ	[xtsʰik]
motor (m)	շարժիչ	[šarǰíč]
trem (m) de aterragem	շասսի	[šassí]
turbina (f)	տուրբին	[turbín]
hélice (f)	պրոպելեր	[propellér]
caixa-preta (f)	սև արկղ	[sev árkġ]
coluna (f) de controlo	ղեկանիվ	[ġekanív]
combustível (m)	վառելիք	[varelíkʰ]
instruções (f pl) de segurança	ձեռնարկ	[dzernárk]
máscara (f) de oxigénio	թթվածնային դիմակ	[tʰtʰvatsnajín dimák]
uniforme (m)	համազգեստ	[hamazgést]
colete (m) salva-vidas	փրկագոտի	[pʰrkagotí]
paraquedas (m)	պարաշյուտ	[parašjút]
descolagem (f)	թռիչք	[tʰričkʰ]
descolar (vi)	թռնել	[tʰrnel]
pista (f) de descolagem	թռիչքուղի	[tʰričkʰuġí]
visibilidade (f)	տեսանելիություն	[tesaneliutʰjún]
voo (m)	թռիչք	[tʰričkʰ]
altura (f)	բարձրություն	[bardzrutʰjún]
poço (m) de ar	օդային փոս	[odajín pʰós]
assento (m)	տեղ	[teġ]
auscultadores (m pl)	ականջակալներ	[akandžakalnér]
mesa (f) rebatível	ծալվող սեղանիկ	[batsʰvóg seġaník]
vigia (f)	իլյումինատոր	[iljuminátor]
passagem (f)	անցուղի	[antsʰuġí]

96

106. Comboio

comboio (m)	գնացք	[gnatsʰkʰ]
comboio (m) suburbano	էլեկտրագնացք	[ēlektragnátsʰkʰ]
comboio (m) rápido	արագընթաց գնացք	[aragentʰátsʰ gnátsʰkʰ]
locomotiva (f) diesel	շերմաքարշ	[dʒermakʰárš]
locomotiva (f) a vapor	շոգեքարշ	[šokekʰárš]
carruagem (f)	վագոն	[vagón]
carruagem restaurante (f)	վագոն-ռեստորան	[vagón restorán]
carris (m pl)	գծեր	[gtser]
caminho de ferro (m)	երկաթգիծ	[ərkatʰgíts]
travessa (f)	կոճ	[koč]
plataforma (f)	կառամատույց	[karamatújtsʰ]
linha (f)	ուղի	[uǵí]
semáforo (m)	նշանասյուն	[nšanasjún]
estação (f)	կայարան	[kajarán]
maquinista (m)	մեքենավար	[mekʰenavár]
bagageiro (m)	բեռնակիր	[bernakír]
hospedeiro, -a (da carruagem)	ուղեկից	[uǵekítsʰ]
passageiro (m)	ուղևոր	[uǵevór]
revisor (m)	հսկիչ	[hskič]
corredor (m)	միջանցք	[midʒántsʰkʰ]
freio (m) de emergência	ավտոմատ կանգառման սարք	[avtomát kangarmán sárkʰ]
compartimento (m)	կուպե	[kupé]
cama (f)	մահճակ	[mahčák]
cama (f) de cima	վերևի մահճակատեղ	[vereví mahčakatéǵ]
cama (f) de baixo	ներքևի մահճակատեղ	[nerkʰeví mahčakatéǵ]
roupa (f) de cama	անկողին	[ankoǵín]
bilhete (m)	տոմս	[toms]
horário (m)	չվացուցակ	[čvatsʰutsʰák]
painel (m) de informação	ցուցատախտակ	[tsʰutsʰataχták]
partir (vt)	մեկնել	[meknél]
partida (f)	մեկնում	[meknúm]
chegar (vi)	ժամանել	[ʒamanél]
chegada (f)	ժամանում	[ʒamanúm]
chegar de comboio	ժամանել գնացքով	[ʒamanél gnatsʰkʰóv]
apanhar o comboio	գնացք նստել	[gnátsʰkʰ nstel]
sair do comboio	գնացքից իջնել	[gnatsʰkʰítsʰ idʒnél]
acidente (m) ferroviário	խորտակում	[χortakúm]
locomotiva (f) a vapor	շոգեքարշ	[šokekʰárš]
fogueiro (m)	հնոցապան	[hnotsʰapán]
fornalha (f)	վառարան	[vararán]
carvão (m)	ածուխ	[atsúχ]

97

T&P Books. Vocabulário Português-Arménio - 5000 palavras

107. Barco

navio (m)	նավ	[nav]
embarcação (f)	նավ	[nav]
vapor (m)	շոգենավ	[šogenáv]
navio (m)	շերմանավ	[dʒermanáv]
transatlântico (m)	լայներ	[lájner]
cruzador (m)	հածանավ	[hatsanáv]
iate (m)	զբոսանավ	[zbosanáv]
rebocador (m)	նավակառշ	[navakʰárš]
barcaça (f)	բեռնանավ	[bernanáv]
ferry (m)	լաստանավ	[lastanáv]
veleiro (m)	առագաստանավ	[aragastanáv]
bergantim (m)	բրիգանտինա	[brigantína]
quebra-gelo (m)	սառցահատ	[sartsʰapát]
submarino (m)	սուզանավ	[suzanáv]
bote, barco (m)	նավակ	[navák]
bote, dingue (m)	մակույկ	[makújk]
bote (m) salva-vidas	փրկարարական մակույկ	[pʰrkararakán makújk]
lancha (f)	մոտորանավակ	[motoranavák]
capitão (m)	նավապետ	[navapét]
marinheiro (m)	նավաստի	[navastí]
marujo (m)	ծովային	[tsovajín]
tripulação (f)	անձնակազմ	[andznakázm]
contramestre (m)	բոցման	[botsʰmán]
grumete (m)	նավի փոքրավոր	[naví pʰokʰravór]
cozinheiro (m) de bordo	նավի խոհարար	[naví χoharár]
médico (m) de bordo	նավի բժիշկ	[naví bʒíšk]
convés (m)	տախտակամած	[taχtakamáts]
mastro (m)	կայմ	[kajm]
vela (f)	առագաստ	[aragást]
porão (m)	նավամբար	[navambár]
proa (f)	նավախիթ	[navakʰítʰ]
popa (f)	նավախել	[navaχél]
remo (m)	թիակ	[tʰiak]
hélice (f)	պտուտակ	[ptuták]
camarote (m)	նավասենյակ	[navasenják]
sala (f) dos oficiais	ընդհանուր նավասենյակ	[əndhanúr navasenják]
sala (f) das máquinas	մեքենաների բաժանմունք	[mekenanerí baʒanmúnkʰ]
ponte (m) de comando	նավապետի կամրջակ	[navapetí kamrdʒák]
sala (f) de comunicações	ռադիոխցիկ	[radioχtsʰík]
onda (f) de rádio	ալիք	[alíkʰ]
diário (m) de bordo	նավամատյան	[navamatján]
luneta (f)	հեռադիտակ	[heraditák]
sino (m)	զանգ	[zang]

98

T&P Books. Vocabulário Português-Arménio - 5000 palavras

bandeira (f)	դրոշ	[droš]
cabo (m)	ճոպան	[čopán]
nó (m)	հանգույց	[hangújtsʰ]

| corrimão (m) | բռնածո | [brnadzóǵ] |
| prancha (f) de embarque | նավասանդուղք | [navasandúǵkʰ] |

âncora (f)	խարիսխ	[χarísχ]
recolher a âncora	խարիսխը բարձրացնել	[χarísχə bardzratsʰnél]
lançar a âncora	խարիսխը գցել	[χarísχə gtsʰél]
amarra (f)	խարսխաշղթա	[χarsχašǵtʰá]

porto (m)	նավահանգիստ	[navahangíst]
cais, amarradouro (m)	նավամատույց	[navamatújtsʰ]
atracar (vi)	կառանել	[karanél]
desatracar (vi)	մեկնել	[meknél]

viagem (f)	ճանապարհորդություն	[čanaparhordutʰjún]
cruzeiro (m)	ծովագնացություն	[tsovagnatsʰutʰjún]
rumo (m), rota (f)	ուղղություն	[uǵutʰjún]
itinerário (m)	երթուղի	[ertʰuǵí]

canal (m) navegável	նավարկուղի	[navarkuǵí]
banco (m) de areia	ծանծաղուտ	[tsantsaǵút]
encalhar (vt)	ծանծաղուտ ընկնել	[tsantsaǵút ənknél]

tempestade (f)	փոթորիկ	[pʰotʰorík]
sinal (m)	ազդանշան	[azdanšán]
afundar-se (vr)	խորտակվել	[χortakvél]
SOS	SO'S	[sos]
boia (f) salva-vidas	փրկագոտի	[pʰrkagotí]

108. Aeroporto

aeroporto (m)	օդանավակայան	[odanavakaján]
avião (m)	ինքնաթիռ	[inkʰnatʰír]
companhia (f) aérea	ավիաընկերություն	[aviaənkerutʰjún]
controlador (m) de tráfego aéreo	դիսպետչեր	[dispetčér]

partida (f)	թռիչք	[tʰričkʰ]
chegada (f)	ժամանում	[ʒamanúm]
chegar (~ de avião)	ժամանել	[ʒamanél]

| hora (f) de partida | թռիչքի ժամանակը | [tʰričkʰí ʒamanákə] |
| hora (f) de chegada | ժամանման ժամանակը | [ʒamanmán ʒamanákə] |

| estar atrasado | ուշանալ | [ušanál] |
| atraso (m) de voo | թռիչքի ուշացում | [tʰričkʰí ušatsʰúm] |

painel (m) de informação	տեղեկատվական վահանակ	[teǵekatvakán vahanák]
informação (f)	տեղեկատվություն	[teǵekatvutʰjún]
anunciar (vt)	հայտարարել	[hajtararél]
voo (m)	ռեյս	[rejs]

99

T&P Books. Vocabulário Português-Arménio - 5000 palavras

alfândega (f)	մաքսատուն	[makʰsatún]
funcionário (m) da alfândega	մաքսավոր	[makʰsavór]
declaração (f) alfandegária	հայտարարագիր	[hajtararagír]
preencher a declaração	հայտարարագիր լրացնել	[hajtararagír lratsʰnél]
controlo (m) de passaportes	անձնագրայինստուգում	[andznagrajín stugúm]
bagagem (f)	ուղեբեռ	[uġebér]
bagagem (f) de mão	ձեռքի ուղեբեռ	[dzerkʰí uġebér]
carrinho (m)	սայլակ	[sajlák]
aterragem (f)	վայրէջք	[vajrēdʒkʰ]
pista (f) de aterragem	վայրէջքի ուղի	[vajrēdʒkʰí uġí]
aterrar (vi)	վայրէջք կատարել	[vajrēdʒkʰ katarél]
escada (f) de avião	օդանավասանդուղք	[odanavasandúġkʰ]
check-in (m)	գրանցում	[grantsʰúm]
balcão (m) do check-in	գրանցասեղան	[grantsʰaseġán]
fazer o check-in	գրանցվել	[grantsʰvél]
cartão (m) de embarque	տեղակտրոն	[teġaktrón]
porta (f) de embarque	ելք	[elkʰ]
trânsito (m)	տարանցիկ չվերթ	[tarantsʰík čvertʰ]
esperar (vi, vt)	սպասել	[spasél]
sala (f) de espera	սպասասրահ	[spasasráh]
despedir-se de ...	ճանապարհել	[čanaparhél]
despedir-se (vr)	հրաժեշտ տալ	[hraʒéšt tál]

Eventos

109. Férias. Evento

festa (f)	տոն	[ton]
festa (f) nacional	ազգային տոն	[azgajín tón]
feriado (m)	տոնական օր	[tonakán or]
festejar (vt)	տոնել	[tonél]
evento (festa, etc.)	դեպք	[depkʰ]
evento (banquete, etc.)	միջոցառում	[miʤotsʰarúm]
banquete (m)	ճաշկերույթ	[čaškerújtʰ]
receção (f)	ընդունելություն	[əndunelutʰjún]
festim (m)	խնջույք	[χnʤujkʰ]
aniversário (m)	տարեդարձ	[taredárdz]
jubileu (m)	հոբելյան	[hobeljánʰ]
celebrar (vt)	նշել	[nšel]
Ano (m) Novo	Ամանոր	[amanór]
Feliz Ano Novo!	Շնորհավոր Ամանոր	[šnorhavór amanór]
Natal (m)	Սուրբ ծնունդ	[surb tsnund]
Feliz Natal!	Ուրախ Սուրբ ծնունդ	[uráχ súrb tsnúnd]
árvore (f) de Natal	տոնածառ	[tonatsár]
fogo (m) de artifício	հրավառություն	[hravarutʰjún]
boda (f)	հարսանիք	[harsaníkʰ]
noivo (m)	փեսացու	[pʰesatsʰú]
noiva (f)	հարսնացու	[harsnatsʰú]
convidar (vt)	հրավիրել	[hravirél]
convite (m)	հրավիրատոմս	[hraviratóms]
convidado (m)	հյուր	[hjur]
visitar (vt)	հյուր գնալ	[hjur gnal]
receber os hóspedes	հյուրերին դիմավորել	[hjurerín dimavorél]
presente (m)	նվեր	[nver]
oferecer (vt)	նվիրել	[nvirél]
receber presentes	նվերներ ստանալ	[nvernér stanál]
ramo (m) de flores	ծաղկեփունջ	[tsaġkepʰúnʤ]
felicitações (f pl)	շնորհավորանք	[šnorhavoránkʰ]
felicitar (dar os parabéns)	շնորհավորել	[šnorhavorél]
cartão (m) de parabéns	շնորհավորական բացիկ	[šnorhavorakán batsʰík]
enviar um postal	բացիկ ուղարկել	[batsʰík uġarkél]
receber um postal	բացիկ ստանալ	[batsʰík stanál]
brinde (m)	կենաց	[kenátsʰ]

101

oferecer (vt) հյուրասիրել [hjurasirél]
champanhe (m) շամպայն [šampájn]

divertir-se (vr) զվարճանալ [zvarčanál]
diversão (f) զվարճանք [zvarčánkʰ]
alegria (f) ուրախություն [uraχutʰjún]

dança (f) պար [par]
dançar (vi) պարել [parél]

valsa (f) վալս [vals]
tango (m) տանգո [tángo]

110. Funerais. Enterro

cemitério (m) գերեզմանոց [gerezmanótsʰ]
sepultura (f), túmulo (m) գերեզման [gerezmán]
cruz (f) խաչ [χač]
lápide (f) տապանաքար [tapanakʰár]
cerca (f) ցանկապատ [tsʰankapát]
capela (f) մատուռ [matúr]

morte (f) մահ [mah]
morrer (vi) մահանալ [mahanál]
defunto (m) հանգուցյալ [hangutsʰjál]
luto (m) սուգ [sug]

enterrar, sepultar (vt) թաղել [tʰaġél]
agência (f) funerária թաղման բյուրո [tʰaġmán bjuró]
funeral (m) թաղման արարողություն [tʰaġmán araroġutʰjún]

coroa (f) de flores պսակ [psak]
caixão (m) դագաղ [dagáġ]
carro (m) funerário դիակառք [diakárkʰ]
mortalha (f) սավան [savánj]

urna (f) funerária աճյունասափոր [ačjunasapʰór]
crematório (m) դիակիզարան [diakizarán]

obituário (m), necrologia (f) մահախոսական [mahaχosakán]
chorar (vi) լացել [latsʰél]
soluçar (vi) ողբալ [voġbál]

111. Guerra. Soldados

pelotão (m) դասակ [dasák]
companhia (f) վաշտ [vašt]
regimento (m) գունդ [gund]
exército (m) բանակ [banák]
divisão (f) դիվիզիա [divízia]
destacamento (m) ջոկատ [dʒokát]
hoste (f) զորք [zorkʰ]

soldado (m)	զինվոր	[zinvór]
oficial (m)	սպա	[spa]
soldado (m) raso	շարքային	[šarkʰajín]
sargento (m)	սերժանտ	[serʒánt]
tenente (m)	լեյտենանտ	[lejtenánt]
capitão (m)	կապիտան	[kapitán]
major (m)	մայոր	[majór]
coronel (m)	գնդապետ	[gndapét]
general (m)	գեներալ	[generál]
marujo (m)	ծովային	[tsovajín]
capitão (m)	կապիտան	[kapitán]
contramestre (m)	բոցման	[botsʰmán]
artilheiro (m)	հրետանավոր	[hretanavór]
soldado (m) paraquedista	դեսանտային	[desantajín]
piloto (m)	օդաչու	[odačú]
navegador (m)	ղեկապետ	[gekapét]
mecânico (m)	մեխանիկ	[mexaník]
sapador (m)	սակրավոր	[sakravór]
paraquedista (m)	պարաշյուտիստ	[parašjutíst]
explorador (m)	հետախույզ	[hetaxújz]
franco-atirador (m)	սնայպեր	[snájper]
patrulha (f)	պարեկ	[parék]
patrulhar (vt)	պարեկել	[parekél]
sentinela (f)	ժամապահ	[ʒamapáh]
guerreiro (m)	ռազմիկ	[razmík]
patriota (m)	հայրենասեր	[hajrenasér]
herói (m)	հերոս	[herós]
heroína (f)	հերոսուհի	[herosuhí]
traidor (m)	դավաճան	[davačán]
desertor (m)	դասալիք	[dasalíkʰ]
desertar (vt)	դասալքել	[dasalkʰél]
mercenário (m)	վարձկան	[vardzkán]
recruta (m)	նորակոչիկ	[norakočík]
voluntário (m)	կամավոր	[kamavór]
morto (m)	սպանված	[spanvátse]
ferido (m)	վիրավոր	[viravór]
prisioneiro (m) de guerra	գերի	[gerí]

112. Guerra. Ações militares. Parte 1

guerra (f)	պատերազմ	[paterázm]
guerrear (vt)	պատերազմել	[paterazmél]
guerra (f) civil	քաղաքացիական պատերազմ	[kʰağakatsʰiakán paterázm]
perfidamente	նենգորեն	[nengorén]

declaração (f) de guerra	հայտարարում	[hajtararúm]
declarar (vt) guerra	հայտարարել	[hajtararél]
agressão (f)	ագրեսիա	[agrésia]
atacar (vt)	հարձակվել	[hardzakvél]

invadir (vt)	զավթել	[zavtʰél]
invasor (m)	զավթիչ	[zavtʰíč]
conquistador (m)	նվաճող	[nvačóġ]

defesa (f)	պաշտպանություն	[paštpanutʰjún]
defender (vt)	պաշտպանել	[paštpanél]
defender-se (vr)	պաշտպանվել	[paštpanvél]

inimigo (m)	թշնամի	[tʰšnamí]
adversário (m)	հակառակորդ	[hakarakórd]
inimigo	թշնամական	[tʰšnamakán]

| estratégia (f) | ռազմավարություն | [razmavarutʰjún] |
| tática (f) | մարտավարություն | [martavarutʰjún] |

ordem (f)	հրաման	[hramán]
comando (m)	հրաման	[hramán]
ordenar (vt)	հրամայել	[hramajél]
missão (f)	առաջադրանք	[aradzadránkʰ]
secreto	գաղտնի	[gaġtní]

| batalha (f) | ճակատամարտ | [čakatamárt] |
| combate (m) | մարտ | [mart] |

ataque (m)	հարձակում	[hardzakúm]
assalto (m)	գրոհ	[groh]
assaltar (vt)	գրոհել	[grohél]
assédio, sítio (m)	պաշարում	[pašarúm]

| ofensiva (f) | հարձակում | [hardzakúm] |
| passar à ofensiva | հարձակվել | [hardzakvél] |

| retirada (f) | նահանջ | [nahándz] |
| retirar-se (vr) | նահանջել | [nahandzél] |

| cerco (m) | շրջապատում | [šrdzapatúm] |
| cercar (vt) | շրջապատել | [šrdzapatél] |

bombardeio (m)	ռմբակոծություն	[rmbakotsutʰjún]
lançar uma bomba	ռումբ նետել	[rúmb netél]
bombardear (vt)	ռմբակոծել	[rmbakotsél]
explosão (f)	պայթյուն	[pajtʰjún]

tiro (m)	կրակոց	[krakótsʰ]
disparar um tiro	կրակել	[krakél]
tiroteio (m)	հրաձգություն	[hradzgutʰjún]

apontar para …	նշան բռնել	[nšán brnel]
apontar (vt)	ուղղել	[uġġél]
acertar (vt)	դիպչել	[dipčél]
afundar (um navio)	խորտակել	[xortakél]

104

| brecha (f) | ճեղքված | [čeġkvátskʰ] |
| afundar-se (vr) | ընդհատակ գնալ | [əndhaták gnal] |

frente (m)	ճակատ	[čakát]
evacuação (f)	էվակուացիա	[ēvakuátsʰia]
evacuar (vt)	էվակուացնել	[ēvakuatsʰnél]

trincheira (f)	խրամատ	[xramát]
arame (m) farpado	փշալար	[pʰšalár]
obstáculo (m) anticarro	փակոց	[pʰakótsʰ]
torre (f) de vigia	աշտարակ	[aštarák]

hospital (m)	գոսպիտալ	[gospitál]
ferir (vt)	վիրավորել	[viravoról]
ferida (f)	վերք	[verkʰ]
ferido (m)	վիրավոր	[viravór]
ficar ferido	վիրավորվել	[viravorvél]
grave (ferida ~)	ծանր	[tsanr]

113. Guerra. Ações militares. Parte 2

cativeiro (m)	գերություն	[gerutʰjún]
capturar (vt)	գերի վերցնել	[gerí vertsʰnél]
estar em cativeiro	գերի լինել	[gerí linél]
ser aprisionado	գերի ընկնել	[gerí ənknél]

campo (m) de concentração	համակենտրոնացման ճամբար	[hamakentronatsʰmán čambár]
prisioneiro (m) de guerra	գերի	[gerí]
escapar (vi)	փախչել	[pʰaxčél]

trair (vt)	դավաճանել	[davačanél]
traidor (m)	դավաճան	[davačán]
traição (f)	դավաճանություն	[davačanutʰjún]

| fuzilar, executar (vt) | գնդակահարել | [gndakaharél] |
| fuzilamento (m) | գնդակահարություն | [gndakaharutʰjún] |

equipamento (m)	հանդերձանք	[handerdzánkʰ]
platina (f)	ուսադիր	[usadír]
máscara (f) antigás	հակագազ	[hakagáz]

rádio (m)	ռադիոկայան	[radiokaján]
cifra (f), código (m)	գաղտնագիր	[gaġtnagír]
conspiração (f)	կոնսպիրացիա	[konspirátsʰia]
senha (f)	նշանաբառ	[nšanabár]

mina (f)	ական	[akán]
minar (vt)	ականապատել	[akanapatél]
campo (m) minado	ականային դաշտ	[akanajín dášt]

alarme (m) aéreo	օդային տագնապ	[odajín tagnáp]
alarme (m)	տագնապ	[tagnáp]
sinal (m)	ազդանշան	[azdanšán]

Portuguese	Armenian	Transliteration
sinalizador (m)	ազդանշանային հրթիռ	[azdanšanajín hrtʰir]
estado-maior (m)	շտաբ	[štab]
reconhecimento (m)	հետախուզություն	[hetaχuzutʰjún]
situação (f)	իրադրություն	[iradrutʰjún]
relatório (m)	զեկուցագիր	[zekutsʰagír]
emboscada (f)	դարան	[darán]
reforço (m)	օգնություն	[ognutʰjún]
alvo (m)	նշանակետ	[nšanakét]
campo (m) de tiro	հրաձգարան	[hradzgarán]
manobras (f pl)	զորավարժություններ	[zoravarʒutʰjunnér]
pânico (m)	խուճապ	[χučáp]
devastação (f)	ավերումունք	[avermúnkʰ]
ruínas (f pl)	ավիրածություններ	[avirvatsutʰjunnér]
destruir (vt)	ավիրել	[avirél]
sobreviver (vi)	կենդանի մնալ	[kendaní mnal]
desarmar (vt)	զինաթափել	[zinatʰapʰél]
manusear (vt)	վարվել	[varvél]
Firmes!	Զգա՛ստ	[zgast!]
Descansar!	Ազա՛տ	[azát!]
façanha (f)	հերոսագործություն	[herosagortsutʰjún]
juramento (m)	երդում	[erdúm]
jurar (vi)	երդվել	[erdvél]
condecoração (f)	պարգևանշան	[pargevanšán]
condecorar (vt)	պարգևատրել	[pargevatrél]
medalha (f)	մեդալ	[medál]
ordem (f)	շքանշան	[škʰanšán]
vitória (f)	հաղթանակ	[haġtʰanák]
derrota (f)	պարտություն	[partutʰjún]
armistício (m)	զինադադար	[zinadadár]
bandeira (f)	դրոշ	[droš]
glória (f)	փառք	[pʰarkʰ]
desfile (m) militar	զորահանդես	[zorahandés]
marchar (vi)	երթքայլել	[ertʰakʰajlél]

114. Armas

Portuguese	Armenian	Transliteration
arma (f)	զենք	[zenkʰ]
arma (f) de fogo	հրազեն	[hrazén]
arma (f) branca	սառը զենք	[sáre zenkʰ]
arma (f) química	քիմիական զենք	[kimiakán zénkʰ]
nuclear	միջուկային	[midʒukajín]
arma (f) nuclear	միջուկային զենք	[midʒukajín zénkʰ]
bomba (f)	ռումբ	[rumb]
bomba (f) atómica	ատոմային ռումբ	[atomajín rúmb]

pistola (f)	ատրճանակ	[atrčanák]
caçadeira (f)	հրացան	[hratsʰán]
pistola-metralhadora (f)	ավտոմատ	[avtomát]
metralhadora (f)	գնդացիր	[gndatsʰír]
boca (f)	փողաբերան	[pʰoġaberán]
cano (m)	փող	[pʰoġ]
calibre (m)	տրամաչափ	[tramačápʰ]
gatilho (m)	հրահան	[hrahán]
mira (f)	նշան	[nšan]
carregador (m)	պահեստատուփ	[pahestatúpʰ]
coronha (f)	կոթ	[kotʰ]
granada (f) de mão	նռնակ	[nrnak]
explosivo (m)	պայթուցիկ	[pajtʰutsʰík]
bala (f)	գնդակ	[gndak]
cartucho (m)	փամփուշտ	[pʰampúšt]
carga (f)	լից	[litsʰ]
munições (f pl)	զինամթերք	[zinamtʰérkʰ]
bombardeiro (m)	ռմբակոծիչ	[rmbakotsíč]
avião (m) de caça	կործանիչ	[kortsaníč]
helicóptero (m)	ուղղաթիռ	[uġatʰír]
canhão (m) antiaéreo	զենիթային թնդանոթ	[zenitʰajín tʰndanótʰ]
tanque (m)	տանկ	[tank]
canhão (de um tanque)	թնդանոթ	[tʰndanótʰ]
artilharia (f)	հրետանի	[hretaní]
fazer a pontaria	ուղղել	[uġġél]
obus (m)	արկ	[ark]
granada (f) de morteiro	ական	[akán]
morteiro (m)	ականանետ	[akananét]
estilhaço (m)	բեկոր	[bekór]
submarino (m)	սուզանավ	[suzanáv]
torpedo (m)	տորպեդ	[torpéd]
míssil (m)	հրթիռ	[hrtʰir]
carregar (uma arma)	լցնել	[ltsʰnel]
atirar, disparar (vi)	կրակել	[krakél]
apontar para ...	նշան բռնել	[nšán brnel]
baioneta (f)	սվին	[svin]
espada (f)	սուսեր	[susér]
sabre (m)	սուր	[sur]
lança (f)	նիզակ	[nizák]
arco (m)	աղեղ	[aġéġ]
flecha (f)	նետ	[net]
mosquete (m)	մուշկետ	[muškét]
besta (f)	աղեղնազեն	[aġeġnazén]

115. Povos da antiguidade

primitivo	նախնադարյան	[naχnadarján]
pré-histórico	նախապատմական	[naχapatmakán]
antigo	հին	[hin]
Idade (f) da Pedra	քարե դար	[kʰaré dár]
Idade (f) do Bronze	բրոնզե դար	[bronzé dár]
período (m) glacial	սառցե դարաշրջան	[sartsʰé darašrdʒán]
tribo (f)	ցեղ	[tsʰeġ]
canibal (m)	մարդակեր	[mardakér]
caçador (m)	որսորդ	[vorsórd]
caçar (vi)	որս անել	[vors anél]
mamute (m)	մամոնտ	[mamónt]
caverna (f)	քարանձավ	[kʰarandzáv]
fogo (m)	կրակ	[krak]
fogueira (f)	խարույկ	[χarújk]
pintura (f) rupestre	ժայռանկար	[ʒajrapatkér]
ferramenta (f)	աշխատանքի գործիք	[ašχatankí gortsíkʰ]
lança (f)	նիզակ	[nizák]
machado (m) de pedra	քարե կացին	[kʰaré katsʰín]
guerrear (vt)	պատերազմել	[paterazmél]
domesticar (vt)	ընտելացնել	[əntelatsʰnél]
ídolo (m)	կուռք	[kurkʰ]
adorar, venerar (vt)	պաշտել	[paštél]
superstição (f)	սնապաշտություն	[snapaštutʰjún]
evolução (f)	էվոլյուցիա	[ēvoljútsʰia]
desenvolvimento (m)	զարգացում	[zargatsʰúm]
desaparecimento (m)	անհետացում	[anhetatsʰúm]
adaptar-se (vr)	ընտելանալ	[əntelanál]
arqueologia (f)	հնէաբանություն	[hnēabanutʰjún]
arqueólogo (m)	հնագետ	[hnagét]
arqueológico	հնէաբանական	[hnēabanakán]
local (m) das escavações	պեղումներ	[peġumnér]
escavações (f pl)	պեղումներ	[peġumnér]
achado (m)	գտածո	[gtatsó]
fragmento (m)	բեկոր	[bekór]

116. Idade média

povo (m)	ժողովուրդ	[ʒoġovúrd]
povos (m pl)	ժողովուրդներ	[ʒoġovurdnér]
tribo (f)	ցեղ	[tsʰeġ]
tribos (f pl)	ցեղեր	[tsʰeġér]
bárbaros (m pl)	բարբարոսներ	[barbarosnér]
gauleses (m pl)	գալլեր	[gallér]

godos (m pl)	գոտեր	[gotér]
eslavos (m pl)	սլավոններ	[slavonnér]
víquingues (m pl)	վիկինգներ	[vikingnér]
romanos (m pl)	հռոմեացիներ	[hromeatsʰinér]
romano	հռոմեական	[hromeakán]
bizantinos (m pl)	բաբելոնացիներ	[babelonatsʰinér]
Bizâncio	Բաբելոն	[babelón]
bizantino	բաբելոնյան	[babelonakán]
imperador (m)	կայսր	[kajsr]
líder (m)	առաջնորդ	[aradznórd]
poderoso	հզոր	[hzor]
rei (m)	թագավոր	[tʰagavór]
governante (m)	դեկավար	[ġekavár]
cavaleiro (m)	ասպետ	[aspét]
senhor feudal (m)	ավատատեր	[avatatér]
feudal	ավատատիրական	[avatatirakán]
vassalo (m)	վասսալ	[vassál]
duque (m)	դուքս	[dukʰs]
conde (m)	կոմս	[koms]
barão (m)	բարոն	[barón]
bispo (m)	եպիսկոպոս	[episkopós]
armadura (f)	զենք ու զրահ	[zenkʰ u zrah]
escudo (m)	վահան	[vahán]
espada (f)	թուր	[tʰur]
viseira (f)	երեսկալ	[ereskál]
cota (f) de malha	օղազրահ	[oġazráh]
cruzada (f)	խաչակրաց արշավանք	[χačakrátsʰ aršavánkʰ]
cruzado (m)	խաչակիր	[χačakír]
território (m)	տարածք	[tarátskʰ]
atacar (vt)	հարձակվել	[hardzakvél]
conquistar (vt)	գրավել	[gravél]
ocupar, invadir (vt)	զավթել	[zavtʰél]
assédio, sítio (m)	պաշարում	[pašarúm]
sitiado	պաշարված	[pašarváts]
assediar, sitiar (vt)	պաշարել	[pašarél]
inquisição (f)	հավատաքննություն	[havatakʰnnutʰjún]
inquisidor (m)	հավատաքննիչ	[havatakʰnníč]
tortura (f)	խոշտանգում	[χoštangúm]
cruel	դաժան	[daʒán]
herege (m)	հերետիկոս	[heretikós]
heresia (f)	հերետիկոսություն	[heretikutʰjún]
navegação (f) marítima	ծովագնացություն	[tsovagnatsʰutʰjún]
pirata (m)	ծովահեն	[tsovahén]
pirataria (f)	ծովահենություն	[tsovahenutʰjún]
abordagem (f)	նավազերծում	[navagzerúm]

T&P Books. Vocabulário Português-Arménio - 5000 palavras

| presa (f), butim (m) | որս | [vors] |
| tesouros (m pl) | գանձեր | [gandzér] |

descobrimento (m)	հայտնագործություն	[hajtnagortsutʰjún]
descobrir (novas terras)	հայտնագործել	[hajtnagortsél]
expedição (f)	արշավ	[aršáv]

mosqueteiro (m)	հրացանակիր	[hratsʰanakír]
cardeal (m)	կարդինալ	[kardinál]
heráldica (f)	զինանիշշագիտություն	[zinanišagitutʰjún]
heráldico	զինանիշշագիտական	[zinanišagitakán]

117. Líder. Chefe. Autoridades

rei (m)	թագավոր	[tʰagavór]
rainha (f)	թագուհի	[tʰaguhí]
real	թագավորական	[tʰagavorakán]
reino (m)	թագավորություն	[tʰagavorutʰjún]

| príncipe (m) | արքայազն | [arkʰajázn] |
| princesa (f) | արքայադուստր | [arkʰajadústr] |

presidente (m)	նախագահ	[naχagáh]
vice-presidente (m)	փոխնախագահ	[pʰoχnaχagáh]
senador (m)	սենատոր	[senatór]

monarca (m)	մխարպետ	[marzpét]
governante (m)	ղեկավար	[ǵekavár]
ditador (m)	դիկտատոր	[diktatór]
tirano (m)	բռնապետ	[brnapét]
magnata (m)	մագնատ	[magnát]

diretor (m)	տնօրեն	[tnorén]
chefe (m)	շեֆ	[šef]
dirigente (m)	կառավարիչ	[karavaríč]

| patrão (m) | պետ | [pet] |
| dono (m) | տեր | [ter] |

chefe (~ de delegação)	գլուխ	[gluχ]
autoridades (f pl)	իշխանություններ	[išχanutʰjunnér]
superiores (m pl)	ղեկավարություն	[ǵekavarutʰjún]

governador (m)	գուբերնատոր	[gubernátor]
cônsul (m)	հյուպատոս	[hjupatós]
diplomata (m)	դիվանագետ	[divanagét]

| Presidente (m) da Câmara | քաղաքապետ | [kʰaġakapét] |
| xerife (m) | ոստիկանապետ | [vostikanapét] |

imperador (m)	կայսր	[kajsr]
czar (m)	թագավոր	[tʰagavór]
faraó (m)	փարավոն	[pʰaravón]
cã (m)	խան	[χan]

118. Viloação da lei. Criminosos. Parte 1

bandido (m)	ավազակ	[avazák]
crime (m)	հանցագործություն	[hantsʰagortsutʰjún]
criminoso (m)	հանցագործ	[hantsʰagórts]

ladrão (m)	գող	[goǵ]
roubar (vt)	գողանալ	[goǵanál]
furto, roubo (m)	գողություն	[goǵutʰjún]

raptar (ex. ~ uma criança)	առևանգել	[arevangél]
rapto (m)	առևանգում	[arevangúm]
raptor (m)	առևանգող	[arevangóǵ]

resgate (m)	փրկագին	[pʰrkagín]
pedir resgate	փրկագին պահանջել	[pʰrkagín pahandžél]

roubar (vt)	կողոպտել	[koǵoptél]
assaltante (m)	կողոպտիչ	[koǵoptíč]

extorquir (vt)	շորթել	[šortʰél]
extorsionário (m)	շորթիչ	[šortʰíč]
extorsão (f)	շորթում	[šortʰúm]

matar, assassinar (vt)	սպանել	[spanél]
homicídio (m)	սպանություն	[spanutʰjún]
homicida, assassino (m)	մարդասպան	[mardaspán]

tiro (m)	կրակոց	[krakótsʰ]
dar um tiro	կրակել	[krakél]
matar a tiro	կրակել	[krakél]
atirar, disparar (vi)	կրակել	[krakél]
tiroteio (m)	հրաձգություն	[hradzgutʰjún]

incidente (m)	պատահար	[patahár]
briga (~ de rua)	կռիվ	[kriv]
vítima (f)	զոհ	[zoh]

danificar (vt)	վնաս հասցնել	[vnas hastsʰnél]
dano (m)	վնաս	[vnas]
cadáver (m)	դիակ	[diák]
grave	ծանր	[tsanr]

atacar (vt)	հարձակում կատարել	[hardzakúm katarél]
bater (espancar)	հարվածել	[harvatsél]
espancar (vt)	ծեծել	[tsetsél]
tirar, roubar (dinheiro)	խլել	[xlel]
esfaquear (vt)	մորթել	[mortʰél]
mutilar (vt)	խեղանդամացնել	[xeǵandamatsʰnél]
ferir (vt)	վիրավորել	[viravorél]
chantagem (f)	շորթում	[šortʰúm]
chantagear (vt)	շորթել	[šortʰél]
chantagista (m)	շորթումնագործ	[šortʰumnagórts]
extorsão (em troca de proteção)	դրամաշորթություն	[dramašortʰutʰjún]

T&P Books. Vocabulário Português-Arménio - 5000 palavras

extorsionário (m)	դրամաշորթ	[dramašórtʰ]
gângster (m)	ավազակ	[avazák]
máfia (f)	մաֆիա	[máfia]
carteirista (m)	գրպանահատ	[grpanahát]
assaltante, ladrão (m)	կոտրանք կատարող	[kotránkʰ kataróġ]
contrabando (m)	մաքսանենգություն	[makʰsanengutʰjún]
contrabandista (m)	մաքսանենգ	[makʰsanéng]
falsificação (f)	կեղծիք	[keġtsíkʰ]
falsificar (vt)	կեղծել	[keġtsél]
falsificado	կեղծ	[keġts]

119. Viloação da lei. Criminosos. Parte 2

violação (f)	բռնաբարություն	[brnabarutʰjún]
violar (vt)	բռնաբարել	[brnabarél]
violador (m)	բռնաբարող	[brnabaróġ]
maníaco (m)	մոլագար	[molagár]
prostituta (f)	պոռնիկ	[porník]
prostituição (f)	պոռնկություն	[pornkutʰjún]
chulo (m)	կավատ	[kavát]
toxicodependente (m)	թմրամոլ	[tʰmramól]
traficante (m)	թմրավաճառ	[tʰmravačár]
explodir (vt)	պայթեցնել	[pajtʰetsʰnél]
explosão (f)	պայթյուն	[pajtʰjún]
incendiar (vt)	հրկիզել	[hrkizél]
incendiário (m)	հրկիզող	[hrkizóġ]
terrorismo (m)	ահաբեկչություն	[ahabekčutʰjún]
terrorista (m)	ահաբեկիչ	[ahabekíč]
refém (m)	պատանդ	[patánd]
enganar (vt)	խաբել	[xabél]
engano (m)	խաբեություն	[xabeutʰjún]
vigarista (m)	խարդախ	[xardáx]
subornar (vt)	կաշառել	[kašarél]
suborno (atividade)	կաշառք	[kašárkʰ]
suborno (dinheiro)	կաշառք	[kašárkʰ]
veneno (m)	թույն	[tʰujn]
envenenar (vt)	թունավորել	[tʰunavorél]
envenenar-se (vr)	թունավորվել	[tʰunavorél]
suicídio (m)	ինքնասպանություն	[inkʰnaspanutʰjún]
suicida (m)	ինքնասպան	[inkʰnaspán]
ameaçar (vt)	սպառնալ	[sparnál]
ameaça (f)	սպառնալիք	[sparnalíkʰ]
atentar contra a vida de ...	մահափորձ կատարել	[mahapʰórdz katarél]

112

atentado (m)	մահափորձ	[mahapʰórdz]
roubar (o carro)	առևանգել	[arevangél]
desviar (o avião)	առևանգել	[arevangél]
vingança (f)	վրեժ	[vreʒ]
vingar (vt)	վրեժ լուծել	[vreʒ lutsél]
torturar (vt)	խոշտանգել	[χoštangél]
tortura (f)	խոշտանգում	[χoštangúm]
atormentar (vt)	խոշտանգել	[χoštangél]
pirata (m)	ծովահեն	[tsovahén]
desordeiro (m)	խուլիգան	[χuligán]
armado	զինված	[zinváts]
violência (f)	բռնություն	[brnutʰjún]
espionagem (f)	լրտեսություն	[lrtesutʰjún]
espionar (vi)	լրտեսել	[lrtesél]

120. Polícia. Lei. Parte 1

justiça (f)	դատ	[dat]
tribunal (m)	դատարան	[datarán]
juiz (m)	դատավոր	[datavór]
jurados (m pl)	ատենակալ	[atenakál]
tribunal (m) do júri	ատենակալների դատարան	[atenakalnerí datarán]
julgar (vt)	դատել	[datél]
advogado (m)	փաստաբան	[pʰastabán]
réu (m)	ամբաստանյալ	[ambastanjál]
banco (m) dos réus	ամբաստանյալների աթոռ	[ambastanjalnerí atʰór]
acusação (f)	մեղադրանք	[meġadránkʰ]
acusado (m)	մեղադրյալ	[meġadrjál]
sentença (f)	դատավճիռ	[datavčír]
sentenciar (vt)	դատապարտել	[datapartél]
culpado (m)	հանցավոր	[hantsʰavór]
punir (vt)	պատժել	[patʒél]
punição (f)	պատժամիջոց	[patʒamidʒótsʰ]
multa (f)	տուգանք	[tugánkʰ]
prisão (f) perpétua	ցմահ բանտարկություն	[tsʰmáh bantarkutʰjún]
pena (f) de morte	մահապատիժ	[mahapatíʒ]
cadeira (f) elétrica	էլեկտրական աթոռ	[ēlektrakán atʰór]
forca (f)	կախաղան	[kaχaġán]
executar (vt)	մահապատժի ենթարկել	[mahapatʒí entʰarkél]
execução (f)	մահապատիժ	[mahapatíʒ]
prisão (f)	բանտ	[bant]
cela (f) de prisão	բանտախցիկ	[bantaχtsʰík]

T&P Books. Vocabulário Português-Arménio - 5000 palavras

escolta (f)	պահակախումբ	[pahakaxúmb]
guarda (m) prisional	հսկիչ	[hskič]
preso (m)	բանտարկյալ	[bantarkjál]
algemas (f pl)	ձեռնաշղթաներ	[dzernašgtʰanér]
algemar (vt)	ձեռնաշղթաներ հագցնել	[dzernašgtʰanér hagtsʰnél]
fuga, evasão (f)	փախուստ	[pʰaxúst]
fugir (vi)	փախչել	[pʰaxčél]
desaparecer (vi)	անհայտանալ	[anhajtanál]
soltar, libertar (vt)	ազատել	[azatél]
amnistia (f)	ներում	[nerúm]
polícia (instituição)	ոստիկանություն	[vostikanutʰjún]
polícia (m)	ոստիկան	[vostikán]
esquadra (f) de polícia	ոստիկանության բաժանմունք	[vostikanutʰján baʒanmúnkʰ]
cassetete (m)	ռետինե մահակ	[retiné mahák]
megafone (m)	խոսափող	[xosapʰóġ]
carro (m) de patrulha	պարեկային ավտոմեքենա	[parekajín avtomekʰená]
sirene (f)	շչակ	[ščak]
ligar a sirene	շչակը միացնել	[ščákə miatsʰnél]
toque (m) da sirene	շչակի ղողանջ	[ščakí vornótsʰ]
cena (f) do crime	դեպքի վայր	[depkʰí vajr]
testemunha (f)	վկա	[vka]
liberdade (f)	ազատություն	[azatutʰjún]
cúmplice (m)	հանցակից	[hantsʰakítsʰ]
escapar (vi)	փախչել	[pʰaxčél]
traço (não deixar ~s)	հետք	[hetkʰ]

121. Polícia. Lei. Parte 2

procura (f)	հետապնդություն	[hetakʰnnutʰjún]
procurar (vt)	փնտրել	[pʰntrel]
suspeita (f)	կասկած	[kaskáts]
suspeito	կասկածելի	[kaskatselí]
parar (vt)	կանգնեցնել	[kangnetsʰnél]
deter (vt)	ձերբակալել	[dzerbakalél]
caso (criminal)	գործ	[gorts]
investigação (f)	հետապնդություն	[hetakʰnnutʰjún]
detetive (m)	խուզարկու	[xuzarkú]
investigador (m)	քննիչ	[kʰnnič]
versão (f)	վարկած	[varkáts]
motivo (m)	շարժառիթ	[šarʒarítʰ]
interrogatório (m)	հարցաքննություն	[hartsʰakʰnnutʰjún]
interrogar (vt)	հարցվարել	[hartsakʰnnél]
questionar (vt)	հարցաքննել	[hartsʰakʰnnél]
verificação (f)	ստուգում	[stugúm]
batida (f) policial	շուրջկալ	[šurdʒkál]
busca (f)	խուզարկություն	[xuzarkutʰjún]

114

perseguição (f)	հետապնդում	[hetapndúm]
perseguir (vt)	հետապնդել	[hetapndél]
seguir (vt)	հետևել	[hetevél]

prisão (f)	ձերբակալություն	[dzerbakalutʰjún]
prender (vt)	ձերբակալել	[dzerbakalél]
pegar, capturar (vt)	բռնել	[brnel]
captura (f)	բռնելը	[brnelə]

documento (m)	փաստաթուղթ	[pʰastatʰúgtʰ]
prova (f)	ապացույց	[apatsʰújtsʰ]
provar (vt)	ապացուցել	[apatsʰutsʰél]
pegada (f)	հետք	[hetkʰ]
impressões (f pl) digitais	մատնահետքեր	[matnahotkʰér]
prova (f)	հանցանշան	[hantsʰanšán]

álibi (m)	ալիբի	[álibi]
inocente	անմեղ	[anmég]
injustiça (f)	անարդարություն	[anardarutʰjún]
injusto	անարդար	[anardár]

criminal	քրեական	[kʰreakán]
confiscar (vt)	բռնագրավել	[brnagravél]
droga (f)	թմրանյութ	[tʰmranjútʰ]
arma (f)	զենք	[zenkʰ]
desarmar (vt)	զինաթափել	[zinatʰapʰél]
ordenar (vt)	հրամայել	[hramajél]
desaparecer (vi)	անհետանալ	[anhetanál]

lei (f)	օրենք	[orénkʰ]
legal	օրինական	[orinakán]
ilegal	անօրինական	[anorinakán]

| responsabilidade (f) | պատասխանատվություն | [patasχanatvutʰjún] |
| responsável | պատասխանատու | [patasχanatú] |

115

NATUREZA

A Terra. Parte 1

122. Espaço sideral

cosmos (m)	տիեզերք	[tiezérkʰ]
cósmico	տիեզերական	[tiezerakán]
espaço (m) cósmico	տիեզերական տարածություն	[tiezerakán taratsutʰjún]
mundo (m)	աշխարհ	[ašχárh]
universo (m)	տիեզերք	[tiezérkʰ]
galáxia (f)	գալակտիկա	[galáktika]
estrela (f)	աստղ	[astġ]
constelação (f)	համաստեղություն	[hamasteġutʰjún]
planeta (m)	մոլորակ	[molorák]
satélite (m)	արբանյակ	[arbanják]
meteorito (m)	երկնաքար	[erknakʰár]
cometa (m)	գիսաստղ	[gisástġ]
asteroide (m)	աստղակերպ	[astġakérp]
órbita (f)	ուղեծիր	[uġetsír]
girar (vi)	պտտվել	[ptətvél]
atmosfera (f)	մթնոլորտ	[mtʰnolórt]
Sol (m)	արեգակ	[aregák]
Sistema (m) Solar	արեգակնային համակարգ	[aregaknajín hamakárg]
eclipse (m) solar	արևի խավարում	[areví χavarúm]
Terra (f)	Երկիր	[erkír]
Lua (f)	Լուսին	[lusín]
Marte (m)	Մարս	[mars]
Vénus (f)	Վեներա	[venéra]
Júpiter (m)	Յուպիտեր	[jupíter]
Saturno (m)	Սատուրն	[satúrn]
Mercúrio (m)	Մերկուրի	[merkúri]
Urano (m)	Ուրան	[urán]
Neptuno (m)	Նեպտուն	[neptún]
Plutão (m)	Պլուտոն	[plutón]
Via Láctea (f)	Կաթնածիր	[katʰnatsír]
Ursa Maior (f)	Մեծ Արջ	[mets ardʒ]
Estrela Polar (f)	Բևեռային Աստղ	[beverajín ástġ]
marciano (m)	Մարսի բնակիչ	[marsí bnakíč]

extraterrestre (m)	այլմոլորակային	[ajlmolorakajín]
alienígena (m)	եկվոր	[ekvór]
disco (m) voador	թռչող ափսե	[tʰrčóġ apʰsé]

nave (f) espacial	տիեզերանավ	[tiezeragnáts]
estação (f) orbital	ուղեծրային կայան	[uġetsrajín kaján]
lançamento (m)	մեկնաթռիչք	[meknatʰríčkʰ]

motor (m)	շարժիչ	[šarʒíč]
bocal (m)	փողելք	[pʰoġélkʰ]
combustível (m)	վառելիք	[varelíkʰ]

cabine (f)	խցիկ	[xtsʰik]
antena (f)	ալեհավաք	[alehavákʰ]
vigia (f)	իլյումինատոր	[iljuminátor]
bateria (f) solar	արևային մարտկոց	[arevajín martkótsʰ]
traje (m) espacial	սկաֆանդր	[skafándr]

imponderabilidade (f)	անկշռություն	[ankšrutʰjún]
oxigénio (m)	թթվածին	[tʰtʰvatsín]

acoplagem (f)	միակցում	[miaktsʰúm]
fazer uma acoplagem	միակցում կատարել	[miaktsʰúm katarél]

observatório (m)	աստղադիտարան	[astġaditarán]
telescópio (m)	աստղադիտակ	[astġaditák]
observar (vt)	հետևել	[hetevél]
explorar (vt)	հետազոտել	[hetazotél]

123. A Terra

Terra (f)	Երկիր	[erkír]
globo terrestre (Terra)	երկրագունդ	[erkragúnd]
planeta (m)	մոլորակ	[molorák]

atmosfera (f)	մթնոլորտ	[mtʰnolórt]
geografia (f)	աշխարհագրություն	[ašxarhagrutʰjún]
natureza (f)	բնություն	[bnutʰjún]

globo (mapa esférico)	գլոբուս	[globús]
mapa (m)	քարտեզ	[kʰartéz]
atlas (m)	ատլաս	[atlás]

Europa (f)	Եվրոպա	[evrópa]
Ásia (f)	Ասիա	[ásia]
África (f)	Աֆրիկա	[áfrika]
Austrália (f)	Ավստրալիա	[avstrália]

América (f)	Ամերիկա	[amérika]
América (f) do Norte	Հյուսիսային Ամերիկա	[hjusisajín amérika]
América (f) do Sul	Հարավային Ամերիկա	[haravajín amérika]

Antártida (f)	Անտարկտիդա	[antarktída]
Ártico (m)	Արկտիկա	[árktika]

124. Pontos cardeais

norte (m)	հյուսիս	[hjusís]
para norte	դեպի հյուսիս	[depí hjusís]
no norte	հյուսիսում	[hjusisúm]
do norte	հյուսիսային	[hjusisajín]
sul (m)	հարավ	[haráv]
para sul	դեպի հարավ	[depí haráv]
no sul	հարավում	[haravúm]
do sul	հարավային	[haravajín]
oeste, ocidente (m)	արևմուտք	[arevmútkʰ]
para oeste	դեպի արևմուտք	[depí arevmútkʰ]
no oeste	արևմուտքում	[arevmutkʰúm]
ocidental	արևմտյան	[arevmtján]
leste, oriente (m)	արևելք	[arevélkʰ]
para leste	դեպի արևելք	[depí arevélkʰ]
no leste	արևելքում	[arevelkʰúm]
oriental	արևելյան	[areveljàn]

125. Mar. Oceano

mar (m)	ծով	[tsov]
oceano (m)	ովկիանոս	[ovkianós]
golfo (m)	ծոց	[tsotsʰ]
estreito (m)	նեղուց	[neġútsʰ]
terra (f) firme	ցամաք	[tsʰamákʰ]
continente (m)	մայրցամաք	[majrtsʰamákʰ]
ilha (f)	կղզի	[kġzi]
península (f)	թերակղզի	[tʰerakġzí]
arquipélago (m)	արշիպելագ	[aršipelág]
baía (f)	ծովախորշ	[tsovaxórš]
porto (m)	նավահանգիստ	[navahangíst]
lagoa (f)	ծովալճակ	[tsovalčák]
cabo (m)	հրվանդան	[hrvandán]
atol (m)	ատոլ	[atól]
recife (m)	խութ	[xutʰ]
coral (m)	մարջան	[mardʒán]
recife (m) de coral	մարջանախութ	[mardʒanaxútʰ]
profundo	խորը	[xórə]
profundidade (f)	խորություն	[xorutʰjún]
abismo (m)	անդունդ	[andúnd]
fossa (f) oceânica	ծովախորշ	[tsovaxórš]
corrente (f)	հոսանք	[hosánkʰ]
banhar (vt)	ողողել	[voġoġél]
litoral (m)	ափ	[apʰ]

costa (f)	ծովափ	[tsováp ͪ]
maré (f) alta	մակընթացություն	[makənt ͪats ͪut ͪjún]
refluxo (m), maré (f) baixa	տեղատվություն	[teġatvut ͪjún]
restinga (f)	առափնյա ծանծաղուտ	[arap ͪnjá tsantsaġút]
fundo (m)	հատակ	[haták]

onda (f)	ալիք	[alík ͪ]
crista (f) da onda	ալիքի կատար	[alik ͪí katár]
espuma (f)	փրփուր	[p ͪrp ͪur]

tempestade (f)	փոթորիկ	[p ͪot ͪorík]
furacão (m)	մրրիկ	[mrrik]
tsunami (m)	ցունամի	[ts ͪunámi]
calmaria (f)	խաղաղություն	[χaġaġut ͪjún]
calmo	հանգիստ	[hangíst]

| polo (m) | բեւեռ | [bevér] |
| polar | բեւեռային | [beverajín] |

latitude (f)	լայնություն	[lajnut ͪjún]
longitude (f)	երկարություն	[erkarut ͪjún]
paralela (f)	զուգահեռական	[zugaherakán]
equador (m)	հասարակած	[hasarakáts]

céu (m)	երկինք	[erkínk ͪ]
horizonte (m)	հորիզոն	[horizón]
ar (m)	օդ	[od]

farol (m)	փարոս	[p ͪarós]
mergulhar (vi)	սուզվել	[suzvél]
afundar-se (vr)	խորտակվել	[χortakvél]
tesouros (m pl)	գանձեր	[gandzér]

126. Nomes de Mares e Oceanos

Oceano (m) Atlântico	Ատլանտյան օվկիանոս	[atlantján ovkianós]
Oceano (m) Índico	Հնդկական օվկիանոս	[hndkakán ovkianós]
Oceano (m) Pacífico	Խաղաղ օվկիանոս	[χaġáġ ovkianós]
Oceano (m) Ártico	Հյուսիսային Սառուցյալ օվկիանոս	[hjusisajín saruts ͪjál ovkianós]

Mar (m) Negro	Սեւ ծով	[sev tsov]
Mar (m) Vermelho	Կարմիր ծով	[karmír tsóv]
Mar (m) Amarelo	Դեղին ծով	[deġín tsov]
Mar (m) Branco	Սպիտակ ծով	[spiták tsóv]

Mar (m) Cáspio	Կասպից ծով	[kaspíts ͪ tsov]
Mar (m) Morto	Մեռյալ ծով	[merjál tsov]
Mar (m) Mediterrâneo	Միջերկրական ծով	[midʒerkrakán tsov]

Mar (m) Egeu	Էգեյան ծով	[ēgeján tsov]
Mar (m) Adriático	Ադրիատիկ ծով	[adriatík tsov]
Mar (m) Arábico	Արաբական ծով	[arabakán tsov]
Mar (m) do Japão	Ճապոնական ծով	[čaponakán tsov]

T&P Books. Vocabulário Português-Arménio - 5000 palavras

| Mar (m) de Bering | Բերինգի ծով | [beringí tsóv] |
| Mar (m) da China Meridional | Արևելա-Չինական ծով | [arevelá činakán tsov] |

Mar (m) de Coral	Կորալլան ծով	[koralján tsov]
Mar (m) de Tasman	Տասմանյան ծով	[tasmanján tsov]
Mar (m) do Caribe	Կարիբյան ծով	[karibján tsóv]

| Mar (m) de Barents | Բարենցյան ծով | [barentsʰján tsóv] |
| Mar (m) de Kara | Կարսի ծով | [karsí tsóv] |

Mar (m) do Norte	Հյուսիսային ծով	[hjusisajín tsóv]
Mar (m) Báltico	Բալթիկ ծով	[baltʰík tsov]
Mar (m) da Noruega	Նորվեգյան ծով	[norvegján tsóv]

127. Montanhas

montanha (f)	լեռ	[ler]
cordilheira (f)	լեռնաշղթա	[lernašġtʰá]
serra (f)	լեռնագագաթ	[lernagagátʰ]

cume (m)	գագաթ	[gagátʰ]
pico (m)	լեռնագագաթ	[lernagagátʰ]
sopé (m)	ստորոտ	[storót]
declive (m)	սարալանջ	[saralándӡ]

vulcão (m)	հրաբուխ	[hrabúχ]
vulcão (m) ativo	գործող հրաբուխ	[gortsóġ hrabúχ]
vulcão (m) extinto	հանգած հրաբուխ	[hangáts hrabúχ]

erupção (f)	ժայթքում	[ʒajtʰkʰúm]
cratera (f)	խառնարան	[χarnarán]
magma (m)	մագմա	[mágma]
lava (f)	լավա	[láva]
fundido (lava ~a)	շիկացած	[šikatsʰáts]

desfiladeiro (m)	խնձահովիտ	[χndzahovít]
garganta (f)	կիրճ	[kirč]
fenda (f)	նեղ կիրճ	[neġ kirč]

passo, colo (m)	լեռնանցք	[lernántsʰkʰ]
planalto (m)	սարահարթ	[sarahártʰ]
falésia (f)	ժայռ	[ʒajr]
colina (f)	բլուր	[blur]

glaciar (m)	սառցադաշտ	[sartsʰadášt]
queda (f) d'água	ջրվեժ	[dӡrveӡ]
géiser (m)	գեյզեր	[géjzer]
lago (m)	լիճ	[lič]

planície (f)	հարթավայր	[hartʰavájr]
paisagem (f)	բնատեսարան	[bnatesarán]
eco (m)	արձագանք	[ardzagánkʰ]
alpinista (m)	լեռնագնաց	[lernagnátsʰ]
escalador (m)	ժայռամագլցող	[ʒajramagltsʰóġ]

| conquistar (vt) | գերել | [gerél] |
| subida, escalada (f) | վերելք | [verélkʰ] |

128. Nomes de montanhas

Alpes (m pl)	Ալպեր	[alpér]
monte Branco (m)	Մոնբլան	[monblán]
Pirineus (m pl)	Պիրինեյներ	[pirinejnér]

Cárpatos (m pl)	Կարպատներ	[karpatnér]
montes (m pl) Urais	Ուրալյան լեռներ	[uralján lernér]
Cáucaso (m)	Կովկաս	[kovkás]
Elbrus (m)	Էլբրուս	[ēlbrús]

Altai (m)	Այտայ	[altáj]
Tian Shan (m)	Sյան Շան	[tjan šan]
Pamir (m)	Պամիր	[pamír]
Himalaias (m pl)	Հիմալայներ	[himalajnér]
monte (m) Everest	Էվերեստ	[ēverést]

| Cordilheira (f) dos Andes | Անդեր | [andér] |
| Kilimanjaro (m) | Կիլիմանջարո | [kilimandʒáro] |

129. Rios

rio (m)	գետ	[get]
fonte, nascente (f)	ադբյուր	[aġbjúr]
leito (m) do rio	հուն	[hun]
bacia (f)	ջրավազան	[dʒravazán]
desaguar no ...	թափվել	[tʰapʰvél]

| afluente (m) | վտակ | [vtak] |
| margem (do rio) | ափ | [apʰ] |

corrente (f)	հոսանք	[hosánkʰ]
rio abaixo	հոսանքն ի վայր	[hosánkʰn í vájr]
rio acima	հոսանքն ի վեր	[hosánkʰn í vér]

inundação (f)	հեղեղում	[heġeġúm]
cheia (f)	վարարություն	[vararutʰjún]
transbordar (vi)	վարարել	[vararél]
inundar (vt)	հեղեղել	[heġeġél]

| banco (m) de areia | ծանծաղուտ | [tsantsaġút] |
| rápidos (m pl) | սահանք | [sahánkʰ] |

barragem (f)	ամբարտակ	[ambarták]
canal (m)	ջրանցք	[dʒrántskʰ]
reservatório (m) de água	ջրամբար	[dʒrambár]
eclusa (f)	ջրագելյակ	[dʒragelák]
corpo (m) de água	ջրավազան	[dʒravazán]
pântano (m)	ճահիճ	[čahíč]

tremedal (m)	ճահճուտ	[čahčút]
remoinho (m)	հորձանուտ	[hordzanút]
arroio, regato (m)	առու	[arú]
potável	խմելու	[xmelú]
doce (água)	քաղցրահամ	[kʰaġtsʰrahám]
gelo (m)	սառույց	[sarújtsʰ]
congelar-se (vr)	սառչել	[sarčél]

130. Nomes de rios

rio Sena (m)	Սենա	[séna]
rio Loire (m)	Լուարա	[luára]
rio Tamisa (m)	Թեմզա	[tʰémza]
rio Reno (m)	Ռեյն	[rejn]
rio Danúbio (m)	Դունայ	[dunáj]
rio Volga (m)	Վոլգա	[vólga]
rio Don (m)	Դոն	[don]
rio Lena (m)	Լենա	[léna]
rio Amarelo (m)	Խուանխե	[xuanxé]
rio Yangtzé (m)	Յանցզի	[jantsʰzə]
rio Mekong (m)	Մեկոնգ	[mekóng]
rio Ganges (m)	Գանգես	[gangés]
rio Nilo (m)	Նեղոս	[neġós]
rio Congo (m)	Կոնգո	[kóngo]
rio Cubango (m)	Օկավանգո	[okavángo]
rio Zambeze (m)	Զամբեզի	[zambézi]
rio Limpopo (m)	Լիմպոպո	[limpopó]
rio Mississípi (m)	Միսիսիպի	[misisipí]

131. Floresta

floresta (f), bosque (m)	անտառ	[antár]
florestal	անտառային	[antarajín]
mata (f) cerrada	թավուտ	[tʰavút]
arvoredo (m)	պուրակ	[purák]
clareira (f)	բացատ	[batsʰát]
matagal (m)	մացառուտ	[matsʰarút]
mato (m)	թփուտ	[tʰpʰut]
vereda (f)	կածան	[katsán]
ravina (f)	ձորակ	[dzorák]
árvore (f)	ծառ	[tsar]
folha (f)	տերև	[terév]

folhagem (f)	տերևներ	[terevnér]
queda (f) das folhas	տերևաթափ	[terevatʰápʰ]
cair (vi)	թափվել	[tʰapʰvél]
topo (m)	կատար	[katár]

ramo (m)	ճյուղ	[čjuġ]
galho (m)	ոստ	[vost]
botão, rebento (m)	բողբոջ	[boġbódʒ]
agulha (f)	փուշ	[pʰuš]
pinha (f)	եղևնի	[elúnd]

buraco (m) de árvore	փչակ	[pʰčak]
ninho (m)	բույն	[bujn]
toca (f)	որջ	[vordʒ]

tronco (m)	բուն	[bun]
raiz (f)	արմատ	[armát]
casca (f) de árvore	կեղև	[keġév]
musgo (m)	մամուռ	[mamúr]

arrancar pela raiz	արմատախիլ անել	[armataχíl anél]
cortar (vt)	հատել	[hatél]
desflorestar (vt)	անտառահատել	[antarahatél]
toco, cepo (m)	կոճղ	[kočġ]

fogueira (f)	խարույկ	[χarújk]
incêndio (m) florestal	հրդեհ	[hrdeh]
apagar (vt)	հանգցնել	[hangtsʰnél]

guarda-florestal (m)	անտառապահ	[antarapáh]
proteção (f)	պահպանություն	[pahpanutʰjún]
proteger (a natureza)	պահպանել	[pahpanél]
caçador (m) furtivo	որսագող	[vorsagóġ]
armadilha (f)	թակարդ	[tʰakárd]

| colher (cogumelos, bagas) | հավաքել | [havakʰél] |
| perder-se (vr) | մոլորվել | [molorvél] |

132. Recursos naturais

recursos (m pl) naturais	բնական ռեսուրսներ	[bnakán resursnér]
minerais (m pl)	օգտակար հանածոներ	[ogtakár hanatsonér]
depósitos (m pl)	հանքաշերտ	[hankʰašért]
jazida (f)	հանքավայր	[hankʰavájr]

extrair (vt)	արդյունահանել	[ardjunahanél]
extração (f)	արդյունահանում	[ardjunahanúm]
minério (m)	հանքաքար	[hankʰakʰár]
mina (f)	հանք	[hankʰ]
poço (m) de mina	հորան	[horán]
mineiro (m)	հանքափոր	[hankʰapʰór]

| gás (m) | գազ | [gaz] |
| gasoduto (m) | գազատար | [gazatár] |

petróleo (m)	նավթ	[navtʰ]
oleoduto (m)	նավթատար	[navtʰatár]
poço (m) de petróleo	նավթային աշտարակ	[navtʰajín aštarák]
torre (f) petrolífera	հորատման աշտարակ	[horatmán aštarák]
petroleiro (m)	լցանավ	[ltsʰanáv]

areia (f)	ավազ	[aváz]
calcário (m)	կրաքար	[krakʰár]
cascalho (m)	խիճ	[xič]
turfa (f)	տորֆ	[torf]
argila (f)	կավ	[kav]
carvão (m)	ածուխ	[atsúx]

ferro (m)	երկաթ	[erkátʰ]
ouro (m)	ոսկի	[voskí]
prata (f)	արծաթ	[artsátʰ]
níquel (m)	նիկել	[nikél]
cobre (m)	պղինձ	[pġindz]

zinco (m)	ցինկ	[tsʰink]
manganês (m)	մանգան	[mangán]
mercúrio (m)	սնդիկ	[sndik]
chumbo (m)	արճիճ	[arčíč]

mineral (m)	հանքանյութ	[hankʰanjútʰ]
cristal (m)	բյուրեղ	[bjuréġ]
mármore (m)	մարմար	[marmár]
urânio (m)	ուրան	[urán]

A Terra. Parte 2

133. Tempo

tempo (m)	եղանակ	[eġanák]
previsão (f) do tempo	եղանակի տեսություն	[eġanakí tesutʰjún]
temperatura (f)	ջերմաստիճան	[dʒermastičán]
termómetro (m)	ջերմաչափ	[dʒermačápʰ]
barómetro (m)	ճնշաչափ	[tsanračápʰ]
humidade (f)	խոնավություն	[χonavutʰjún]
calor (m)	տապ	[tap]
cálido	շոգ	[šog]
está muito calor	շոգ է	[šog ē]
está calor	տաք է	[takʰ ē]
quente	տաք	[takʰ]
está frio	ցուրտ է	[tsʰúrt ē]
frio	սառը	[sárə]
sol (m)	արև	[arév]
brilhar (vi)	շողալ	[šoġál]
de sol, ensolarado	արևային	[arevajín]
nascer (vi)	ծագել	[tsagél]
pôr-se (vr)	մայր մտնել	[majr mtnel]
nuvem (f)	ամպ	[amp]
nublado	ամպամած	[ampamáts]
nuvem (f) preta	թուխպ	[tʰuχp]
escuro, cinzento	ամպամած	[ampamáts]
chuva (f)	անձրև	[andzrév]
está a chover	անձրև է գալիս	[andzrév ē galís]
chuvoso	անձրևային	[andzrevajín]
chuviscar (vi)	մաղել	[maġél]
chuva (f) torrencial	տեղատարափ անձրև	[teġatarápʰ andzrév]
chuvada (f)	տեղատարափ անձրև	[teġatarápʰ andzrév]
forte (chuva)	տարափ	[tarápʰ]
poça (f)	ջրակույտ	[dʒrakújt]
molhar-se (vr)	թրջվել	[tʰrdʒvel]
nevoeiro (m)	մառախուղ	[maraχúġ]
de nevoeiro	մառախլապատ	[maraχlapát]
neve (f)	ձյուն	[dzjun]
está a nevar	ձյուն է գալիս	[dzjún ē galís]

134. Tempo extremo. Catástrofes naturais

trovoada (f)	փոթորիկ	[pʰotʰorík]
relâmpago (m)	կայծակ	[kajtsák]
relampejar (vi)	փայլատակել	[pʰajlatakél]
trovão (m)	որոտ	[vorót]
trovejar (vi)	որոտալ	[vorotál]
está a trovejar	ամպերը որոտում են	[ampérə vorotúm én]
granizo (m)	կարկուտ	[karkút]
está a cair granizo	կարկուտ է գալիս	[karkút ē galís]
inundar (vt)	հեղեղել	[heġeġél]
inundação (f)	հեղեղում	[heġeġúm]
terremoto (m)	երկրաշարժ	[erkrašárʒ]
abalo, tremor (m)	ցնցում	[tsʰntsʰum]
epicentro (m)	էպիկենտրոն	[ēpikentrón]
erupção (f)	ժայթքում	[ʒajtʰkʰúm]
lava (f)	լավա	[láva]
turbilhão (m)	մրրկասյուն	[mrrkasjún]
tornado (m)	տորնադո	[tornádo]
tufão (m)	տայֆուն	[tajfún]
furacão (m)	մրրիկ	[mrrik]
tempestade (f)	փոթորիկ	[pʰotʰorík]
tsunami (m)	ցունամի	[tsʰunámi]
ciclone (m)	ցիկլոն	[tsʰiklón]
mau tempo (m)	վատ եղանակ	[vat eġanák]
incêndio (m)	հրդեհ	[hrdeh]
catástrofe (f)	աղետ	[aġét]
meteorito (m)	երկնաքար	[erknakʰár]
avalanche (f)	հուսին	[husín]
deslizamento (m) de neve	ձնահյուս	[dznahjús]
nevasca (f)	բուք	[bukʰ]
tempestade (f) de neve	բորան	[borán]

Fauna

135. Mamíferos. Predadores

predador (m)	գիշատիչ	[gišatíč]
tigre (m)	վագր	[vagr]
leão (m)	առյուծ	[arjúts]
lobo (m)	գայլ	[gajl]
raposa (f)	աղվես	[aġvés]
jaguar (m)	հովազ	[hováz]
leopardo (m)	ընձառյուծ	[əndzarjúts]
chita (f)	շնակատու	[šnakatú]
pantera (f)	հովազ	[hováz]
puma (m)	կուգուար	[kuguár]
leopardo-das-neves (m)	ձյունաձերմակ հովազ	[dzjunačermák hováz]
lince (m)	լուսան	[lusán]
coiote (m)	կոյոտ	[kojót]
chacal (m)	շնագայլ	[šnagájl]
hiena (f)	բորենի	[borení]

136. Animais selvagens

animal (m)	կենդանի	[kendaní]
besta (f)	գազան	[gazán]
esquilo (m)	սկյուռ	[skjur]
ouriço (m)	ոզնի	[voznrí]
lebre (f)	նապաստակ	[napaståk]
coelho (m)	ճագար	[čagár]
texugo (m)	փորսուղ	[pʰorsúġ]
guaxinim (m)	ջրարջ	[dʒrardʒ]
hamster (m)	գերմանամուկ	[germanamúk]
marmota (f)	արջամուկ	[ardʒamúk]
toupeira (f)	խլուրդ	[xlurd]
rato (m)	մուկ	[muk]
ratazana (f)	առնետ	[arnét]
morcego (m)	չղջիկ	[čġdʒik]
arminho (m)	կզգում	[kngum]
zibelina (f)	սամույր	[samújr]
marta (f)	կզաքիս	[kzakʰís]
doninha (f)	աքիս	[akʰís]
vison (m)	ջրաքիս	[dʒrakʰís]

| castor (m) | կուղբ | [kuǵb] |
| lontra (f) | ջրասամույր | [dʒrasamújr] |

cavalo (m)	ձի	[dzi]
alce (m)	որմզդեղն	[vormzdéǵn]
veado (m)	եղջերու	[eǵdʒerú]
camelo (m)	ուղտ	[uǵt]

bisão (m)	բիզոն	[bizón]
auroque (m)	վայրի ցուլ	[vajrí tsʰul]
búfalo (m)	գոմեշ	[goméš]

zebra (f)	զեբր	[zebr]
antílope (m)	այծեղջերու	[ajtseǵdʒerú]
corça (f)	այծյամ	[ajtsjám]
gamo (m)	եղնիկ	[eǵník]
camurça (f)	քարայծ	[kʰarájts]
javali (m)	վարազ	[varáz]

baleia (f)	կետ	[ket]
foca (f)	փոկ	[pʰok]
morsa (f)	ծովափիղ	[tsovapʰíǵ]
urso-marinho (m)	ծովարջ	[tsovárdʒ]
golfinho (m)	դելֆին	[delfín]

urso (m)	արջ	[ardʒ]
urso (m) branco	սպիտակ արջ	[spiták árdʒ]
panda (m)	պանդա	[pánda]

macaco (em geral)	կապիկ	[kapík]
chimpanzé (m)	շիմպանզե	[šimpanzé]
orangotango (m)	օրանգուտանգ	[orangutáng]
gorila (m)	գորիլլա	[gorílla]
macaco (m)	մակակա	[makáka]
gibão (m)	գիբբոն	[gibbón]

elefante (m)	փիղ	[pʰíǵ]
rinoceronte (m)	ռնգեղջյուր	[rngeǵdʒjúr]
girafa (f)	ընձուղտ	[əndzúǵt]
hipopótamo (m)	գետաձի	[getadzí]

| canguru (m) | ագևազ | [agevázz] |
| coala (m) | կոալա | [koála] |

mangusto (m)	մանգուստ	[mangúst]
chinchila (m)	շնշիլա	[šinšíla]
doninha-fedorenta (f)	սկունս	[skuns]
porco-espinho (m)	խոզուկ	[xozúk]

137. Animais domésticos

gata (f)	կատու	[katú]
gato (m) macho	կատու	[katú]
cão (m)	շուն	[šun]

cavalo (m)	ձի	[dzi]
garanhão (m)	հովատակ	[hovaták]
égua (f)	զամբիկ	[zambík]
vaca (f)	կով	[kov]
touro (m)	ցուլ	[tsʰul]
boi (m)	եզ	[ez]
ovelha (f)	ոչխար	[vočxár]
carneiro (m)	խոյ	[xoj]
cabra (f)	այծ	[ajts]
bode (m)	այծ	[ajts]
burro (m)	ավանակ	[avanák]
mula (f)	ջորի	[dʒorí]
porco (m)	խոզ	[xoz]
leitão (m)	գոճի	[gočí]
coelho (m)	ճագար	[čagár]
galinha (f)	հավ	[hav]
galo (m)	աքլոր	[akʰlór]
pata (f)	բադ	[bad]
pato (macho)	բադաքլոր	[badakʰlór]
ganso (m)	սագ	[sag]
peru (m)	հնդկահավ	[hndkaháv]
perua (f)	հնդկահավ	[hndkaháv]
animais (m pl) domésticos	ընտանի կենդանիներ	[əntaní kendaninér]
domesticado	ձեռնասուն	[dzernasún]
domesticar (vt)	ընտելացնել	[əntelatsʰnél]
criar (vt)	բուծել	[butsél]
quinta (f)	ֆերմա	[férma]
aves (f pl) domésticas	ընտանի թռչուններ	[əntaní tʰrčunnér]
gado (m)	անասուն	[anasún]
rebanho (m), manada (f)	նախիր	[naxír]
estábulo (m)	ախոռ	[axór]
pocilga (f)	խոզանոց	[xozanótsʰ]
estábulo (m)	գոմ	[gom]
coelheira (f)	ճագարանոց	[čagaranótsʰ]
galinheiro (m)	հավանոց	[havanótsʰ]

138. Pássaros

pássaro (m), ave (f)	թռչուն	[tʰrčun]
pombo (m)	աղավնի	[aġavní]
pardal (m)	ճնճղուկ	[čnčġuk]
chapim-real (m)	երաշտահավ	[eraštaháv]
pega-rabuda (f)	կաչաղակ	[kačaġák]
corvo (m)	ագռավ	[agráv]

T&P Books. Vocabulário Português-Arménio - 5000 palavras

gralha (f) cinzenta	ագռաւ	[agráv]
gralha-de-nuca-cinzenta (f)	ճայակ	[čaják]
gralha-calva (f)	սերմնագռաւ	[sermnagráv]

pato (m)	բադ	[bad]
ganso (m)	սագ	[sag]
faisão (m)	փասիան	[pʰasián]

águia (f)	արծիվ	[artsív]
açor (m)	շահէն	[šahén]
falcão (m)	բազէ	[bazé]
abutre (m)	անգղ	[angġ]
condor (m)	պասկուճ	[paskúč]

cisne (m)	կարապ	[karáp]
grou (m)	կռունկ	[krunk]
cegonha (f)	արագիլ	[aragíl]

papagaio (m)	թութակ	[tʰutʰák]
beija-flor (m)	կոլիբրի	[kolíbri]
pavão (m)	սիրամարգ	[siramárg]

avestruz (m)	ջայլամ	[dʒajlám]
garça (f)	ձկնկուլ	[dzknkul]
flamingo (m)	վարդթևիկ	[vardatʰevík]
pelicano (m)	հավալուսն	[havalúsn]

| rouxinol (m) | սոխակ | [soxák] |
| andorinha (f) | ծիծեռնակ | [tsitsernák] |

tordo-zornal (m)	կեռնեխ	[kernéx]
tordo-músico (m)	երգող կեռնեխ	[ergóġ kernéx]
melro-preto (m)	սև կեռնեխ	[sév kernéx]

andorinhão (m)	ջրածիծառ	[dʒratsitsár]
cotovia (f)	արտույտ	[artújt]
codorna (f)	լոր	[lor]

pica-pau (m)	փայտփորիկ	[pʰajtpʰorík]
cuco (m)	կկու	[kəkú]
coruja (f)	բու	[bu]
corujão, bufo (m)	բվեճ	[bveč]
tetraz-grande (m)	խլահավ	[xlaháv]
tetraz-lira (m)	ցախաքլոր	[tsʰaxakʰlór]
perdiz-cinzenta (f)	կաքավ	[kakʰáv]

estorninho (m)	սարյակ	[sarják]
canário (m)	դեղձանիկ	[deġdzaník]
galinha-do-mato (f)	աքար	[akʰár]

| tentilhão (m) | սերինոս | [serinós] |
| dom-fafe (m) | խածկտիկ | [xatsktík] |

gaivota (f)	ճայ	[čaj]
albatroz (m)	ալբատրոս	[albatrós]
pinguim (m)	պինգվին	[pingvín]

130

139. Peixes. Animais marinhos

brema (f)	բրամ	[bram]
carpa (f)	գետածածան	[getatsatsán]
perca (f)	պերկես	[perkés]
siluro (m)	լոքո	[lokʰó]
lúcio (m)	գայլաձուկ	[gajladzúk]
salmão (m)	սաղման	[sağmán]
esturjão (m)	թառափ	[tʰarápʰ]
arenque (m)	ծովատառեխ	[tsovataréχ]
salmão (m)	սաղմանի ձուկ	[sagmán dzuk]
cavala, sarda (f)	թյունիկ	[tʰjuník]
solha (f)	տափակաձուկ	[tapʰakadzúk]
lúcio perca (m)	շիղաձուկ	[šiğadzúk]
bacalhau (m)	ձողաձուկ	[dzoğadzúk]
atum (m)	թյունոս	[tʰjunnós]
truta (f)	իշխան	[išχán]
enguia (f)	օձաձուկ	[odzadzúk]
raia elétrica (f)	էլեկտրավոր կատվաձուկ	[ēlektravór katvadzúk]
moreia (f)	մուրենա	[muréna]
piranha (f)	պիրանյա	[piránja]
tubarão (m)	շնաձուկ	[šnadzúk]
golfinho (m)	դելֆին	[delfín]
baleia (f)	կետ	[ket]
caranguejo (m)	ծովախեցգետին	[tsovaχetsʰgetín]
medusa, alforreca (f)	մեդուզա	[medúza]
polvo (m)	ութոտնուկ	[utʰotnúk]
estrela-do-mar (f)	ծովաստղ	[tsovástǧ]
ouriço-do-mar (m)	ծովոզնի	[tsovozní]
cavalo-marinho (m)	ծովաձի	[tsovadzí]
ostra (f)	ոստրե	[vostré]
camarão (m)	մանր ծովախեցգետին	[mánr tsovaχetsʰgetín]
lavagante (m)	օմար	[omár]
lagosta (f)	լանգուստ	[langúst]

140. Amfíbios. Répteis

serpente, cobra (f)	օձ	[odz]
venenoso	թունավոր	[tʰunavór]
víbora (f)	իժ	[iʒ]
cobra-capelo, naja (f)	կոբրա	[kóbra]
pitão (m)	պիթոն	[pitʰón]
jiboia (f)	վիշապօձ	[višapódz]
cobra-de-água (f)	լորտու	[lortú]

cascavel (f)	խարամանի	[xaramaní]
anaconda (f)	անակոնդա	[anakónda]
lagarto (m)	մողես	[moġés]
iguana (f)	իգուանա	[iguána]
varano (m)	վարան	[varán]
salamandra (f)	սալամանդր	[salamándr]
camaleão (m)	քամելեոն	[kʰameleón]
escorpião (m)	կարիճ	[karíč]
tartaruga (f)	կրիա	[kriá]
rã (f)	գորտ	[gort]
sapo (m)	դոդոշ	[dodóš]
crocodilo (m)	կոկորդիլոս	[kokordilós]

141. Insetos

inseto (m)	միջատ	[midʒát]
borboleta (f)	թիթեռ	[tʰitʰér]
formiga (f)	մրջուն	[mrdʒun]
mosca (f)	ճանճ	[čanč]
mosquito (m)	մոծակ	[motsák]
escaravelho (m)	բզեզ	[bzez]
vespa (f)	իշամեղու	[išameġú]
abelha (f)	մեղու	[meġú]
mamangava (f)	կրետ	[kret]
moscardo (m)	բոռ	[bor]
aranha (f)	սարդ	[sard]
teia (f) de aranha	սարդոստայն	[sardostájn]
libélula (f)	ճպուռ	[čpur]
gafanhoto-do-campo (m)	մորեխ	[moréx]
traça (f)	թիթեռնիկ	[tʰitʰerník]
barata (f)	ուտիճ	[utič]
carraça (f)	տիզ	[tiz]
pulga (f)	լու	[lu]
borrachudo (m)	մլակ	[mlak]
gafanhoto (m)	մարախ	[maráx]
caracol (m)	խխունջ	[xəxúndʒ]
grilo (m)	ծղրիդ	[tsġrid]
pirilampo (m)	լուսատիտիկ	[lusatitík]
joaninha (f)	զատիկ	[zatík]
besouro (m)	մայիսյան բզեզ	[majisján bzez]
sanguessuga (f)	տզրուկ	[tzruk]
lagarta (f)	թրթուր	[tʰrtʰur]
minhoca (f)	որդ	[vord]
larva (f)	թրթուր	[tʰrtʰur]

Flora

142. Árvores

árvore (f)	ծառ	[tsar]
decídua	սաղարթավոր	[saġartʰavór]
conífera	փշատերև	[pʰšaterév]
perene	մշտադալար	[mštadalár]
macieira (f)	խնձորենի	[xndzorení]
pereira (f)	տանձենի	[tandzení]
cerejeira (f)	կեռասենի	[kerasení]
ginjeira (f)	բալենի	[balení]
ameixeira (f)	սալորենի	[salorení]
bétula (f)	կեչի	[kečí]
carvalho (m)	կաղնի	[kaġní]
tília (f)	լորի	[lorí]
choupo-tremedor (m)	կաղամախի	[kaġamaxí]
bordo (m)	թխկի	[tʰxki]
espruce-europeu (m)	եղևնի	[eġevní]
pinheiro (m)	սոճի	[sočí]
alerce, lariço (m)	կուենի	[kuení]
abeto (m)	բրգաձև սոճի	[brgadzév sočí]
cedro (m)	մայրի	[majrí]
choupo, álamo (m)	բարդի	[bardí]
tramazeira (f)	սնձենի	[sndzení]
salgueiro (m)	ուռենի	[urení]
amieiro (m)	լաստենի	[lastení]
faia (f)	հաճարենի	[hačarení]
ulmeiro (m)	ծփի	[tspʰi]
freixo (m)	հացենի	[hatsʰení]
castanheiro (m)	շագանակենի	[šaganakení]
magnólia (f)	կղբի	[kġbi]
palmeira (f)	արմավենի	[armavení]
cipreste (m)	նոճի	[nočí]
mangue (m)	մանգրածառ	[mangratsár]
embondeiro, baobá (m)	բաոբաբ	[baobáb]
eucalipto (m)	էվկալիպտ	[ēvkalípt]
sequoia (f)	սեկվոյա	[sekvója]

143. Arbustos

arbusto (m)	թուփ	[tʰupʰ]
arbusto (m), moita (f)	թփուտ	[tʰpʰut]

| videira (f) | խաղող | [xaġóġ] |
| vinhedo (m) | խաղողի այգի | [xaġoġí ajgí] |

framboeseira (f)	մորի	[morí]
groselheira-vermelha (f)	կարմիր հաղարձ	[karmír haġárdʒ]
groselheira (f) espinhosa	հաղարձ	[haġárdʒ]

acácia (f)	ակացիա	[akátsʰia]
bérberis (f)	ծորենի	[tsorení]
jasmim (m)	հասմիկ	[hasmík]

junípero (m)	գիհի	[gihí]
roseira (f)	վարդենի	[vardení]
roseira (f) brava	մասուր	[masúr]

144. Frutos. Bagas

maçã (f)	խնձոր	[xndzor]
pera (f)	տանձ	[tandz]
ameixa (f)	սալոր	[salór]
morango (m)	ելակ	[elák]
ginja (f)	բալ	[bal]
cereja (f)	կեռաս	[kerás]
uva (f)	խաղող	[xaġóġ]

framboesa (f)	մորի	[morí]
groselha (f) preta	սև հաղարձ	[sév haġárdʒ]
groselha (f) vermelha	կարմիր հաղարձ	[karmír haġárdʒ]
groselha (f) espinhosa	հաղարձ	[haġárdʒ]
oxicoco (m)	լոռամրգի	[loramrgí]
laranja (f)	նարինջ	[naríndʒ]
tangerina (f)	մանդարին	[mandarín]
ananás (m)	արքայախնձոր	[arkʰajaxndzór]
banana (f)	բանան	[banán]
tâmara (f)	արմավ	[armáv]

limão (m)	կիտրոն	[kitrón]
damasco (m)	ծիրան	[tsirán]
pêssego (m)	դեղձ	[deġdz]
kiwi (m)	կիվի	[kívi]
toranja (f)	գրեյպֆրուտ	[grejpfrút]

baga (f)	հատապտուղ	[hataptúġ]
bagas (f pl)	հատապտուղներ	[hataptuġnér]
arando (m) vermelho	հապալաս	[hapalás]
morango-silvestre (m)	վայրի ելակ	[vajrí elák]
mirtilo (m)	հապալաս	[hapalás]

145. Flores. Plantas

| flor (f) | ծաղիկ | [tsaġík] |
| ramo (m) de flores | ծաղկեփունջ | [tsaġkepʰúndʒ] |

rosa (f)	վարդ	[vard]
tulipa (f)	վարդականաչ	[vardakakáč]
cravo (m)	մեխակ	[meχák]
gladíolo (m)	թրաշուշան	[tʰrašušán]
centáurea (f)	կապույտ տերեփուկ	[kapújt terepʰúk]
campânula (f)	զանգակ	[zangák]
dente-de-leão (m)	կաթնուկ	[katʰnúk]
camomila (f)	երիցուկ	[eritsʰúk]
aloé (m)	ալոե	[alóe]
cato (m)	կակտուս	[káktus]
fícus (m)	ֆիկուս	[fíkus]
lírio (m)	շուշան	[šušán]
gerânio (m)	խորդենի	[χordení]
jacinto (m)	հակինթ	[hakíntʰ]
mimosa (f)	պատկարուկ	[patkarúk]
narciso (m)	նարգիզ	[nargíz]
capuchinha (f)	չրկոտեմ	[dʒrkotém]
orquídea (f)	խոլորձ	[χolórdz]
peónia (f)	քաջվարդ	[kʰadʒvárd]
violeta (f)	մանուշակ	[manušák]
amor-perfeito (m)	եռագույն մանուշակ	[eragújn manušák]
não-me-esqueças (m)	անմոռուկ	[anmorúk]
margarida (f)	մարգարտածաղիկ	[margartatsaġík]
papoula (f)	կակաչ	[kakáč]
cânhamo (m)	կանեփ	[kanépʰ]
hortelã (f)	անանուխ	[ananúχ]
lírio-do-vale (m)	հովտաշուշան	[hovtašušán]
campânula-branca (f)	ձնծաղիկ	[dzntsaġík]
urtiga (f)	եղինջ	[eġíndʒ]
azeda (f)	թրթնջուկ	[tʰrtʰndʒuk]
nenúfar (m)	չրաշուշան	[dʒrašušán]
feto (m), samambaia (f)	ձարխոտ	[dzarχót]
líquen (m)	քարաքոս	[kʰarakʰós]
estufa (f)	չերմոց	[dʒermótsʰ]
relvado (m)	գազոն	[gazón]
canteiro (m) de flores	ծաղկաթումբ	[tsaġkatʰúmb]
planta (f)	բույս	[bujs]
erva (f)	խոտ	[χot]
folha (f) de erva	խոտիկ	[χotík]
folha (f)	տերև	[terév]
pétala (f)	թերթիկ	[tʰertʰík]
talo (m)	ցողուն	[tsʰoġún]
tubérculo (m)	պալար	[palár]
broto, rebento (m)	ծիլ	[tsil]

T&P Books. Vocabulário Português-Arménio - 5000 palavras

espinho (m)	փուշ	[pʰuš]
florescer (vi)	ծաղկել	[tsagkél]
murchar (vi)	թոշնել	[tʰršnel]
cheiro (m)	բուրմունք	[burmúnkʰ]
cortar (flores)	կտրել	[ktrel]
colher (uma flor)	պոկել	[pokél]

146. Cereais, grãos

grão (m)	հացահատիկ	[hatsʰahatík]
cereais (plantas)	հացահատիկային բույսեր	[hatsʰahatikajín bujsér]
espiga (f)	հասկ	[hask]

trigo (m)	ցորեն	[tsʰorén]
centeio (m)	տարեկան	[tarekán]
aveia (f)	վարսակ	[varsák]
milho-miúdo (m)	կորեկ	[korék]
cevada (f)	գարի	[garí]

milho (m)	եգիպտացորեն	[egiptatsʰorén]
arroz (m)	բրինձ	[brindz]
trigo-sarraceno (m)	հնդկացորեն	[hndkatsʰorén]

ervilha (f)	սիսեռ	[sisér]
feijão (m)	լոբի	[lobí]
soja (f)	սոյա	[sojá]
lentilha (f)	ոսպ	[vosp]
fava (f)	լոբազգիներ	[lobazginér]

136

PAÍSES. NACIONALIDADES

147. Europa Ocidental

Europa (f)	Եվրոպա	[evrópa]
União (f) Europeia	Իվրոմիություն	[evromiut"jún]
Áustria (f)	Ավստրիա	[avstrla]
Grã-Bretanha (f)	Մեծ Բրիտանիա	[mets británia]
Inglaterra (f)	Անգլիա	[ánglia]
Bélgica (f)	Բելգիա	[bélgia]
Alemanha (f)	Գերմանիա	[germánia]
Países (m pl) Baixos	Նիդեռլանդներ	[niderlandnér]
Holanda (f)	Հոլանդիա	[holándia]
Grécia (f)	Հունաստան	[hunastán]
Dinamarca (f)	Դանիա	[dánia]
Irlanda (f)	Իռլանդիա	[irlándia]
Islândia (f)	Իսլանդիա	[islándia]
Espanha (f)	Իսպանիա	[ispánia]
Itália (f)	Իտալիա	[itália]
Chipre (m)	Կիպրոս	[kiprós]
Malta (f)	Մալթա	[mált"a]
Noruega (f)	Նորվեգիա	[norvégia]
Portugal (m)	Պորտուգալիա	[portugália]
Finlândia (f)	Ֆինլանդիա	[finlándia]
França (f)	Ֆրանսիա	[fránsia]
Suécia (f)	Շվեդիա	[švédia]
Suíça (f)	Շվեյցարիա	[švejts"ária]
Escócia (f)	Շոտլանդիա	[šotlándia]
Vaticano (m)	Վատիկան	[vatikán]
Liechtenstein (m)	Լիխտենշտայն	[lixtenštájn]
Luxemburgo (m)	Լյուքսեմբուրգ	[ljuk"sembúrg]
Mónaco (m)	Մոնակո	[monáko]

148. Europa Central e de Leste

Albânia (f)	Ալբանիա	[albánia]
Bulgária (f)	Բուլղարիա	[bulġária]
Hungria (f)	Վենգրիա	[véngria]
Letónia (f)	Լատվիա	[látvia]
Lituânia (f)	Լիտվա	[litvá]
Polónia (f)	Լեհաստան	[lehastán]

T&P Books. Vocabulário Português-Arménio - 5000 palavras

Roménia (f) Ռումինիա [rumínia]
Sérvia (f) Սերբիա [sérbia]
Eslováquia (f) Սլովակիա [slovákia]

Croácia (f) Խորվատիա [χorvátia]
República (f) Checa Չեխիա [čéχia]
Estónia (f) Էստոնիա [ēstónia]

Bósnia e Herzegovina (f) Բոսնիա և Հերցեգովինա [bósnia év hertsʰegovína]
Macedónia (f) Մակեդոնիա [makedónia]
Eslovénia (f) Սլովենիա [slovénia]
Montenegro (m) Չեռնոգորիա [černogória]

149. Países da ex-URSS

Azerbaijão (m) Ադրբեջան [adrbedʒán]
Arménia (f) Հայաստան [hajastán]

Bielorrússia (f) Բելառուս [belarús]
Geórgia (f) Վրաստան [vrastán]
Cazaquistão (m) Ղազախստան [ġazaχstán]
Quirguistão (m) Ղրղզստան [ġrġzstan]
Moldávia (f) Մոլդովա [moldóva]

Rússia (f) Ռուսաստան [rusastán]
Ucrânia (f) Ուկրաինա [ukraína]

Tajiquistão (m) Տաջիկստան [tadʒikstán]
Turquemenistão (m) Թուրքմենստան [tʰurkʰmenstán]
Uzbequistão (f) Ուզբեկստան [uzbekstán]

150. Asia

Ásia (f) Ասիա [ásia]
Vietname (m) Վիետնամ [vjetnám]
Índia (f) Հնդկաստան [hndkastán]
Israel (m) Իսրայել [israjél]

China (f) Չինաստան [činastán]
Líbano (m) Լիբանան [libanán]
Mongólia (f) Մոնղոլիա [monġólia]

Malásia (f) Մալայզիա [malájzia]
Paquistão (m) Պակիստան [pakistán]

Arábia (f) Saudita Սաուդյան Արաբիա [saudján arábia]
Tailândia (f) Թաիլանդ [tʰailánd]
Taiwan (m) Թայվան [tʰajván]
Turquia (f) Թուրքիա [tʰúrkʰia]
Japão (m) Ճապոնիա [čapónia]
Afeganistão (m) Աֆղանստան [afġanstán]
Bangladesh (m) Բանգլադեշ [bangladéš]

| Indonésia (f) | Ինդոնեզի | [indonézia] |
| Jordânia (f) | Հորդանան | [hordanán] |

Iraque (m)	Իրաք	[irák^h]
Irão (m)	Պարսկաստան	[parskastán]
Camboja (f)	Կամպուչիա	[kampučía]
Kuwait (m)	Քուվեյթ	[k^huvéjt^h]

Laos (m)	Լաոս	[laós]
Myanmar (m), Birmânia (f)	Մյանմար	[mjanmár]
Nepal (m)	Նեպալ	[nepál]
Emirados Árabes Unidos	Միավորված Արաբական Էմիրություններ	[miavorváts arabakán ēmirut^hjunnér]

Síria (f)	Սիրիա	[síria]
Palestina (f)	Պաղեստինյան ինքնավարություն	[paġestinján ink^hnavarut^hjún]
Coreia do Sul (f)	Հարավային Կորեա	[haravajín koréa]
Coreia do Norte (f)	Հյուսիսային Կորեա	[hjusisajín koréa]

151. América do Norte

Estados Unidos da América	Ամերիկայի Միացյալ Նահանգներ	[amerikají miats^hjál nahangnér]
Canadá (m)	Կանադա	[kanáda]
México (m)	Մեքսիկա	[mék^hsika]

152. América Central do Sul

Argentina (f)	Արգենտինա	[argentína]
Brasil (m)	Բրազիլիա	[brazília]
Colômbia (f)	Կոլումբիա	[kolúmbia]
Cuba (f)	Կուբա	[kúba]
Chile (m)	Չիլի	[číli]

| Bolívia (f) | Բոլիվիա | [bolívia] |
| Venezuela (f) | Վենեսուելա | [venesuéla] |

| Paraguai (m) | Պարագվայ | [paragváj] |
| Peru (m) | Պերու | [perú] |

Suriname (m)	Սուրինամ	[surinám]
Uruguai (m)	Ուրուգվայ	[urugváj]
Equador (m)	Էկվադոր	[ēkvadór]

| Bahamas (f pl) | Բահամյան կղզիներ | [bahamján kġzinér] |
| Haiti (m) | Հայիթի | [hait^hí] |

República (f) Dominicana	Դոմինիկյան հանրապետություն	[dominikján hanrapetut^hjún]
Panamá (m)	Պանամա	[panáma]
Jamaica (f)	Ջամայկա	[jamájka]

153. Africa

Egito (m)	Եգիպտոս	[egiptós]
Marrocos	Մարոկկո	[marókko]
Tunísia (f)	Թունիս	[tʰunís]
Gana (f)	Գանա	[gána]
Zanzibar (m)	Զանզիբար	[zanzibár]
Quénia (f)	Քենիա	[kʰénia]
Líbia (f)	Լիբիա	[líbia]
Madagáscar (m)	Մադագասկար	[madagaskár]
Namíbia (f)	Նամիբիա	[namíbia]
Senegal (m)	Սենեգալ	[senegál]
Tanzânia (f)	Տանզանիա	[tanzánia]
África do Sul (f)	Հարավ-Աֆրիկյան հանրապետություն	[haráv afrikján hanrapetutʰjún]

154. Austrália. Oceania

Austrália (f)	Ավստրալիա	[avstrália]
Nova Zelândia (f)	Նոր Զելանդիա	[nor zelándia]
Tasmânia (f)	Տասմանիա	[tasmánia]
Polinésia Francesa (f)	Ֆրանսիական Պոլինեզիա	[fransiakán polinézia]

155. Cidades

Amesterdão	Ամստերդամ	[amsterdám]
Ancara	Անկարա	[ankará]
Atenas	Աթենք	[atʰénkʰ]
Bagdade	Բաղդադ	[baġdád]
Banguecoque	Բանգկոկ	[bangkók]
Barcelona	Բարսելոնա	[barselóna]
Beirute	Բեյրութ	[bejrútʰ]
Berlim	Բեռլին	[berlín]
Bombaim	Բոմբեյ	[bombéj]
Bona	Բոնն	[bonn]
Bordéus	Բորդո	[bordó]
Bratislava	Բրատիսլավա	[bratisláva]
Bruxelas	Բրյուսել	[brjusél]
Bucareste	Բուխարեստ	[buχarést]
Budapeste	Բուդապեշտ	[budapéšt]
Cairo	Կահիրե	[kahiré]
Calcutá	Կալկաթա	[kalkátʰa]
Chicago	Չիկագո	[čikágo]
Cidade do México	Մեխիկո	[méχiko]
Copenhaga	Կոպենհագեն	[kopenhágen]

Dar es Salaam	Դար Էս Սալամ	[dár ēs salám]
Deli	Դելի	[déli]
Dubai	Դուբայ	[dubáj]
Dublin, Dublim	Դուբլին	[dúblin]
Düsseldorf	Դյուսելդորֆ	[djuseldórf]
Estocolmo	Ստոքհոլմ	[stokʰhólm]
Florença	Ֆլորենցիա	[floréntsʰia]
Frankfurt	Ֆրանկֆուրտ	[fránkfurt]
Genebra	Ժնև	[ʒnev]
Haia	Հաագա	[hahága]
Hamburgo	Համբուրգ	[hámburg]
Hanói	Հանոյ	[hanój]
Havana	Հավանա	[havána]
Helsínquia	Հելսինկի	[hélsinki]
Hiroshima	Հիրոսիմա	[hirosíma]
Hong Kong	Հոնկոնգ	[honkóng]
Istambul	Ստամբուլ	[stʰambúl]
Jerusalém	Երուսաղեմ	[erusaǵém]
Kiev	Կիև	[kíev]
Kuala Lumpur	Կուալա Լումպուր	[kualá lumpúr]
Lisboa	Լիսաբոն	[lisabón]
Londres	Լոնդոն	[londón]
Los Angeles	Լոս Անջելոս	[los anʒelós]
Lion	Լիոն	[lión]
Madrid	Մադրիդ	[madríd]
Marselha	Մարսել	[marsél]
Miami	Մայամի	[majámi]
Montreal	Մոնրեալ	[monreál]
Moscovo	Մոսկվա	[moskvá]
Munique	Մյունխեն	[mjúnχen]
Nairóbi	Նայրոբի	[najróbi]
Nápoles	Նեապոլ	[neápol]
Nice	Նիցցա	[nítsʰa]
Nova York	Նյու-Յորք	[nju jórkʰ]
Oslo	Օսլո	[óslo]
Ottawa	Օտտավա	[ottáva]
Paris	Փարիզ	[pʰaríz]
Pequim	Պեկին	[pekín]
Praga	Պրահա	[prahá]
Rio de Janeiro	Ռիո դե Ժանեյրո	[rio de ʒanéjro]
Roma	Հռոմ	[hrom]
São Petersburgo	Սանկտ Պետերբուրգ	[sánkt peterbúrg]
Seul	Սեուլ	[seúl]
Singapura	Սինգապուր	[singapúr]
Sydney	Սիդնեյ	[sidnéj]
Taipé	Տայպեյ	[tajpéj]
Tóquio	Տոկիո	[tókio]
Toronto	Տորոնտո	[torónto]

T&P Books. Vocabulário Português-Arménio - 5000 palavras

Varsóvia	Վարշավա	[varšáva]
Veneza	Վենետիկ	[venétsia]
Viena	Վիեննա	[viénna]
Washington	Վաշինգտոն	[vašingtón]
Xangai	Շանհայ	[šanháj]

www.ingramcontent.com/pod-product-compliance
Lightning Source LLC
Chambersburg PA
CBHW070604050426
42450CB00011B/2982